005
학지컴인사이트총서

광고가 예술을

Artvertising:
When Advertising Met Arts

만났을 때

김병희 저

아트버타이징

학지사

광고가 예술을 만나 특별해지는 순간

"내가 그리워하는 건 누구와 함께 있었다는 느낌."
"나도 그게 그리운 건지 몰라."

해리와 샐리가 각자의 집에서 밤마다 침대에 누워 잠들기 전
까지 통화하며 주고받은 영화 대사의 한 대목이다. 누구와 함
께 있었다는 느낌은 기억 세포에 고스란히 저장된다. 광고가
그리워하는 건 예술과 함께 있었다는 느낌이라고 패러디하면
어떨까 싶다. 영화 〈해리가 샐리를 만났을 때(When Harry Met
Sally)〉(1989)를 오마주(hommage)하는 마음에서 책의 제목을
『광고가 예술을 만났을 때 아트버타이징』으로 정했다. 영화에
서는 연애에 대해 다르게 생각하는 두 남녀가 우연히 만났다가
운명처럼 헤어지기를 반복하는 가운데 벌어지는 사랑 이야기
를 그렸다. 영화의 줄거리를 광고와 예술의 관련 양상으로 연
결해 볼 수도 있다.

남자와 여자는 친구가 될 수 '있다/없다'라는 주제를 놓고 맥라이언과 빌리 크리스탈이 설전을 벌이는 대목에서 영화가 시작되지만, 광고와 예술은 두말할 필요 없이 당연히 친구가 될 수 있다. 그렇지만 광고는 예술이 아니라는 명제가 오랫동안 광고계를 지배해 왔다. 광고업계에서는 판매 촉진 메시지가 약하고 약간 뜬구름 잡는 느낌이 드는 광고를 만든 사람에게 "예술하고 있네!" 하며 빈정대거나, 지나치게 감성적이거나 돌려서 말하는 카피라이터에게 "시 쓰고 있네!" 하며 조롱하기도 한다. 그럼에도 불구하고 광고에 내재하는 예술적 속성이 결코 가볍지 않기 때문에 광고와 예술의 관련성 문제는 오랫동안 논쟁거리가 되어 왔던 것도 사실이다.

　광고를 '자본주의 사회의 공식 예술'이라고 지칭한 학자도 드물게 있기는 했지만, 광고의 예술화나 예술 광고를 지향하는 사례가 늘어난 것은 최근의 현상이다. 더욱이 브랜드와 콘텐츠를 다각도로 연결하는 브랜디드 콘텐츠가 광고효과를 인정받게 되자 광고와 예술이 사귈 기회도 늘어날 수밖에 없다. 소비자들도 광고를 보면서 예술과 함께 있었다는 느낌을 그리워하며 광고하는 브랜드를 선택할지도 모른다. 사랑과 우정 사이의 경계에 있던 두 사람이 연인으로 발전하는 영화의 클라이맥스 장면은 광고와 예술의 행복한 결혼을 떠올리게 한다. "내 곁에 있는 사람이 특별해지는 순간"이라는 영화광고 카피는 예술과 광고가 서로를 만나 특별해지는 순간을 만들라고 말하는 것 같다.

모두 제4부로 구성된 이 책의 내용은 다음과 같다.

'제1부 광고와 예술 사이'에서는 광고와 예술의 유형을 분석하고 아트버타이징의 개념을 제시했다. '01 광고와 예술의 유형'에서는 광고가 과학이냐 예술이냐에 대한 논쟁을 소개하고 아트 마케팅이나 아트 컬래버레이션 같은 용어보다 '예술 주입'이 올바른 표현이라고 설명했다. 예술의 존재 방식에 따라, 예술의 근원적 본질에 따라, 예술의 감지 방식에 따라, 예술의 전개 방식에 따라 예술의 유형을 분류하는 것이 일반적이다. 광고와 예술의 관련 양상은 예술의 존재 방식에 따라 시간 예술(음악, 시, 소설, 동화), 공간 예술(회화, 조소, 사진, 건축, 공예), 시공간 예술(연극, 영화, 드라마, 무용, 만화)로 구분해야 마땅하다고 주장했다. '02 아트버타이징의 개념'에서는 예술기법 활용형, 예술작품 활용형, 예술가 협업형이라는 아트버타이징의 세 가지 유형을 선택해 생각의 경첩으로 연결해야 한다고 설명했다. 생각의 경첩으로 연결되는 아트버타이징이 광고주와 예술가 사이의 잔치만으로 끝나지 않게 하려면, 예술작품과 예술가를 선정하는 첫 단계부터 왜 아트버타이징을 시도하며 어떻게 감동의 여운을 남길 것인지 전략적으로 판단하기를 권고했다.

'제2부 시간 예술과 광고'에서는 광고와 음악, 카피와 시, 광고와 고전소설, 광고와 현대소설, 광고와 동화의 관련 양상을 살펴보았다. '03 광고와 음악'에서는 시각적 차별화가 한계에 다다른 상황에서 광고 음악이 차별화의 새로운 블루오션이 될 수 있다고 주장했다. '04 카피와 시'에서는 시와 광고가 언어의 경제성을 추구하는 이웃사촌 같아도 비상업적 예술 행위와 상업적 글쓰기라는 맥락에서 공통점도 있지만 차이점이 크다는 사실을 환기했다. '05 광고와 고전소설'에서는 소비자들이 광고만 보지 않고 광고와 고전소설 사이에서 '상호텍스트성'을 유지하면서 해석의 행위를 하는 과정에서 광고효과가 나타나게 된다고 설명했다. '06 광고와 현대소설'에서는 광고에서 현대소설을 차용하거나 현대소설에서 광고를 차용하면 문화 콘텐츠 영역을 풍요롭게 하는 동시에 광고효과와 독서효과 측면에서도 기대 이상의 성과를 얻을 수 있음을 강조했다. '07 광고와 동화'에서는 인물의 성격을 변화시키는 경우, 시공간적 배경을 변화시키는 경우, 서사를 바꿔 새롭게 변개(變改)하는 경우 등 세 가지 방식으로 광고에서 강조하는 주제를 의미화한다고 설명했다.

'제3부 공간 예술과 광고'에서는 광고와 회화, 광고와 조각, 광고와 사진의 관련 양상을 살펴보았다. '08 광고와 회화'에서는 본질적으로 소유의 양식이라는 공통점을 지닌 광고와 그림이 혈연관계로 만나는 친연성(親緣性)이 갈수록 강화될 수밖에 없는 현실에 대해 설명했다. 광고를 연구 대상으로 취급하지 않는 미술사는 '죽은 미술의 역사'이듯, 그림을 차용한 광고와 광고를 차용한 그림의 이모저모를 살펴보았다. '09 광고와 조각'에서는 시인의 영감에서 출발해 물리적 노동으로 마감하는 조각가의 창작 과정은 광고 크리에이터의 작업 과정과 유사하다고 보고, 광고에서 다양하게 변용되는 조각 작품의 사례를 검토했다. 원작의 차용과 원작의 변용은 물론 모작의 창작 방안을 제시하면서 앞으로 우리나라의 조각품도 광고 창작에 활용하기를 권고했다. '10 광고와 사진'에서는 광고가 사진을 만나 브랜드의 특성을 부각시키고 좋은 사진은 브랜드의 가치를 높일 수 있다는 점에 주목했다. 소비자의 선호 유형에 따라 광고사진을 감성 소구적 인물사진형, 시선 집중적 사물사진형, 목적 지향적 단색사진형으로 구분하며 필요에 따라 활용하기를 권고했다.

'제4부 시공간 예술과 광고'에서는 광고와 영화, 광고영화 혹은 무버셜, 광고와 드라마, 브랜디드 웹드라마, 광고와 무용, 광고와 만화의 관련 양상을 살펴보았다. '11 광고와 영화'에서는 브랜드의 특성에 알맞게 상황을 설정하고 수긍할 만한 개연성을 갖춰야 차용의 미학이 인정받는다고 주장했다. '12 광고영화 혹은 무버셜'에서는 텔레비전 광고의 15초라는 짧은 길이를 늘리고 영화의 긴 시간을 줄였다는 점에서 광고영화가 표현의 새로운 장르라고 평가했다. '13 광고와 드라마'에서는 이야기의 구조를 탄탄하게 만들어 15초의 드라마를 완성해야 한다고 주장했다. '14 브랜디드 웹드라마'에서는 광고와 드라마의 긴장 관계를 유지하되 광고로서도 드라마로서도 성과를 얻지 못한다면 쓸모없는 콘텐츠에 불과하다는 점을 강조했다. '15 광고와 무용'에서는 공간, 시간, 무게, 흐름 같은 에포트의 네 가지 요인에 주목하면서 춤과 광고가 환상의 커플이라고 설명했다. '16 광고와 만화'에서는 만화를 활용한 광고 창작 과정에 디지털 기술이 접목되면 만화 영화형 광고나 웹툰 활용형 광고를 비롯해 광고 크리에이티브의 영역이 확장되리라고 전망했다.

어려운 출판 여건에도 불구하고 이 책을 '학지컴인사이트 총서'로 출판해 주신 학지사의 김진환 사장님과 최임배 부사장님, 그리고 원고를 검토해 더 좋은 책으로 만들어 준 편집부의 김순호 이사님과 김영진 실장님께도 고맙다는 인사를 전한다. 그리고 학지사집현전의 학사님들과도 출판의 기쁨을 함께 나누고 싶다. 원고의 일부는 한국언론진흥재단에서 발행하는 『신문과 방송』의 '광고로 보는 세상'에 연재된 내용도 있다. 원문 그대로 수록하지 않고 대폭 수정하고 보완했다. 원고의 첫 독자로서 늘 응원해 주신 최광범 편집장님과 김수지 과장님께도 감사드린다.

"인생은 짧고 예술은 길다." 의학의 아버지 히포크라테스의 말이다. 인생은 짧으나 지식(의술)은 길다는 뜻에서 했던 말인데도 이 번역이 통용되고 있다. 어쨌거나, 대학 시절의 스승께서는 이런 글을 남기셨다. "인생이 짧은 마당에 예술이 길 이치가 없다. 설사 길더라도 대단치 않을 것이다. 다만, 환각이 남을 따름이리라. 황홀경의 환각만이 남을 뿐이리라"(김윤식,

1984, 『황홀경의 사상』, pp. 5-6).

마찬가지로 보통의 광고를 보았을 때와 예술과 만난 광고를 보았을 때 소비자들이 느끼는 감정은 분명히 다를 것이다. 해리가 샐리를 만났을 때처럼 광고와 예술이 만났을 때, 광고의 황홀경에 빠졌다고 하면 안 될까? 광고가 예술을 애타는 마음으로 찾거나 예술이 광고를 반가운 손님으로 초대하는 아트버타이징의 현장에서, 이 책이 독자들에게 예술과 함께 있었다고 느끼는 민감성을 찾는 데 도움이 되기를 바란다.

2021년 5월
김병희

차례

▶ 제2부 시간 예술과 광고 · 065

차례

광고가 예술을 만났을 때
아트버타이징

제**1**부

광고와
예술 사이

01
광고와 예술의 유형

    광고는 과학인가, 예술인가? 과학으로서의 광고와 예술로서의 광고에 대한 논쟁은 100여 년이 넘는 현대 광고의 역사 속에서 갈등과 화해를 반복해 왔다. '광고=과학' 또는 '광고=예술'이라는 두 가지 관점은 디지털 시대에 접어들어서도 결론이 나지 않은 듯하다. 전통 미디어와 새로운 미디어가 충돌하고 융합되는 상황에서도 과학으로서의 광고와 예술로서의 광고는 여전히 광고인 개인의 선호나 지향점에 따라 평가가 엇갈리고 있다.

    광고는 '사회를 비추는 거울(mirror of society)'이나 '변화의 매개물(agent of change)'로 작용한다. 디지털 시대에 접어들어 광고의 본질이 '널리 알리는 목적'에서 '폭넓게 모이게 하는 목적'

으로 변했다. 광고의 기능도 '미디어를 통한 메시지의 전달'이라는 전통적인 관점에서 '콘텐츠를 매개로 플랫폼에서의 만남'이라는 새로운 패러다임으로 바뀌고 있어, 광고와 예술이 만나시너지를 유발할 가능성도 높아졌다. 예술과 광고가 만나는 현상은 예술의 존재 방식에 따라 시간 예술, 공간 예술, 시공간 예술로 구분할 수 있다. 보다 구체적으로 살펴보기로 하자.

광고에서의 과학과 예술 논쟁

광고가 과학이냐 예술이냐의 논쟁은 데이비드 오길비와 윌리엄 번벅이 광고에 접근하는 관점의 차이에서 시작되었다. 1960년대는 미국 광고계에서 크리에이티브 혁명의 시대였다. 이 시기에는 이미지 학파로 평가받는 데이비드 오길비, 윌리엄 번벅, 레오 버넷 같은 광고의 거장들이 등장해서 한 시대를 주름잡았다. 이들은 광고에 나타난 이미지를 중시했지만 각자가 생각했던 광고 크리에이티브 철학은 각각 달랐다. 친구 사이였던 두 사람은 광고 철학이 크게 달랐지만 1960년대에 미국 광고의 발전에 결정적인 영향을 미쳤다(김병희, 2020a).

데이비드 오길비(David Ogilvy, 1911~1999)는 영국에서 스코틀랜드계 아버지와 아일랜드계 어머니 사이에서 태어나, 옥스퍼드 대학교에 들어갔지만 대학생활에 별로 흥미를 느끼지 못하여 자퇴했다. 그 후 호텔 요리사, 조리용 스토브 외판원, 조사회사 갤럽의 조사원을 거쳐 광고회사 오길비 앤 매더(Ogilvy & Mather)를 창립해 오늘날 세계적인 광고회사로 키워 냈다. 그는 『어느 광고인의 고백』(1963)과 『오길비의 광고』(1983) 같은 저서에서 브랜드 이미지 전략을 체계적으로 정리했다. 그는 모든 광고물이 브랜드 이미지 구축에 기여하는 장기간의 투자라고 생각하며, 과학적 방법으로 광고에 접근해야 한다고 주장했다.

그는 광고 창작에 있어서 조사의 기능을 특히 중시했는데, 그의 이런 입장은 그가 여론조사기관인 갤럽의 면접 조사원을 거쳤다는 점과 무관하지 않다. 그는 현장에서 장기간에 걸쳐 수행한 광고효과 조사를 바탕으로 광고 크리에이티브 원칙의 일반화를 시도했다. 창의적인 아이디어는 천재의 영감에서 나온다는 관점도 있지만, 그는 창의적인 아이디어의 발상에서 천재의 자질 대신 일반화된 법칙을 숙지해 그것을 활용하라고 했다. 그는 30여 년에 걸친 광고물 평가 조사를 바탕으로 효과적인 광고 창작을 위한 다섯 가지 원칙을 제시했다. 즉, 가능하면 상품을 크게 제시하고, 수용자를 혼란시키는 부정적 헤드라인은 쓰지 말고, 헤드라인에 브랜드명을 넣고, 로고 처리를 강하게 하고, 신상품일 경우 뉴스성을 최대한 보장하고, 가급적 상품 사용자를 제시하라고 했다. 그는 자신이 정립한 광고 크리에이티브 원칙과 헤드라인 쓰는 방법을 고수하며 불후의 명작 광고들을 창작했다(데이비드 오길비, 2008).

결국 오길비의 광고 크리에이티브 철학은 과학적인 조사 결과를 바탕으로 '무엇을 말할까(What to say)를 찾기'라고 할 수 있다. 그에게 있어서 말로 설명할 수 없는 기막힌 아이디어는 비과학적인 신비성이나 다름없었다. 광고물의 완성도나 광고 창작자의 솜씨는 메시지를 정확하게 전달하는 것보다 중요하지 않은 부차적인 문제였던 셈이다. 광고 크리에이티브에 있어서 예술성을 추구하기보다 과학성을 추구했다는 점에서 그의 광고 크리에이티브 철학은 후대의 광고인들에게 결정적인 영향을 미쳤다.

오길비가 광고는 과학이라는 입장을 천명했다면, 동시대의 거장 윌리엄 번벅(William Bernbach, 1911~1982)은 광고는 예술이라는 입장을 견지했다. 그는 광고가 과학이라는 오길비의 믿음에 반대한다는 입장을 분명히 밝히고, 효과적인 광고 창작을 하려면 조사 결과를 바탕으로 하는 과학적 접근 방법이 아닌 예술적 직관과 재능이 필요하다고 했다. 조사 결과 자체는 자료 더미에 불과하고, 조사 결과에서 나온 수치를 창조적으로 읽어 내지 못하면 무의미하며, 창의적인 시사점을 주지 못하는 단순한 조사 보고서는 크리에이티브의 교도소일 뿐이라고 천명했다.

번벅은 오길비와는 전혀 다른 관점에서 광고 창의성을 이해했는데, 그가 제시한 광고 창작의 원칙은 다음의 네 가지로 요약할 수 있다. 즉, 놀라움(magic)은 언제나 상품에 내재하며, 광고에서의 법칙이란 광고 창작자가 타파해야 할 무엇이기에 광고는 절대로 공식에 따라서 창작할 수 없다고 했다. 또한 광고 창작자들은 광고가 과학이라는 믿음을 가장 먼저 타파해야 하며, 일단 법칙을 익히기는 하되 나중에 가서는 그 법칙들을 타파하기를 권고했다.

오길비가 광고 표현에 있어서 '무엇을 말할 것인가'를 강조했다면, 번벅은 이와 상반되는 접근 방법인 '어떻게 말할 것인가'를 중시했다. 번벅의 광고 크리에이티브 철학은 '메시지를 공들여 표현하는 창작 솜씨(execution)'다. 광고의 핵심 메시지를 결정하는 것만으로는 부족하며, 공들여 표현하는 창작 솜씨가 메시지의 내용 이상으로 중요하다고 했다. 번벅은 광고 크리에이티브에서 가장 중요한 덕목은 창작 솜씨라고 강조했다.

번벅은 매사를 계량화시키는 태도야말로 광고 창작자의 상상력을 가로막는 치명적인 장애요인이라고 했다. 그는 광고 크리에이티브에 있어서 어떠한 법칙도 있을 수 없다고 했는데, 어떤 법칙을 맹목적으로 믿으면 정작 소비자의 구매 동기를 전혀 유발할 수 없다고 판단했던 셈이다. 상품이 빛나도록 창작 솜씨를 발휘하는 것이 광고 크리에이티브의 요체라는 독보적인 관점을 바탕으로, 그는 세계의 광고학 교과서에 반드시 인용되는 폭스바겐(Volkswagen)의 딱정벌레 캠페인 같은 전설적인 광고들을 창작했다. 오길비는 법칙을 거부하는 번벅의 관점이야말로 무에서 유를 창조하려는 헛된 망상일 뿐이라며 그를

'망상의 광고인'이라며 호되게 비판했다(김병희, 2020a).

오길비의 비판에도 불구하고 번벅의 크리에이티브 철학은 현대의 광고 창작자들에게 엄청난 영향을 미쳤다. 결국 그의 광고 크리에이티브 철학은 '어떻게 말할 것인가(How to say)'를 찾는 것으로 귀결된다. 그는 오길비가 주장했던 '무엇을 말할 것인가'라는 과학적 관점에 반대하며, 같은 메시지라도 어떻게 표현하느냐 하는 예술적 관점을 중요하게 생각했다. 오길비가 광고를 과학적 입장에서 접근했다면 그는 예술적 표현을 더 강조했던 셈이다. 1982년 10월, 번벅이 세상을 떠나자 『하퍼스(Harper's)』에서는 그의 인생을 다음과 같이 평가했다. "번벅은 지난 133년 동안 우리 잡지에 실린 미국의 어떤 유명한 작가와 예술가보다 미국 문화에 더 막강한 영향력을 행사했다."

이후에도 광고가 과학이냐 예술이냐의 논쟁이 계속되어 왔지만 여전히 현재 진행형으로 논쟁이 계속되고 있다. 그렇지만 21세기에 접어들어 광고계에서는 광고의 예술화 가능성에 주목하는 사례가 증가했다. 더욱이 디지털 시대에는 예술적 광고를 추구하는 광고 창작자들이 많아졌다. 예컨대, 브랜디드 콘텐츠(branded content)는 예술작품과 광고가 서로를 필요로 하고 있다는 결정적 증거이다. 어떤 콘텐츠에 브랜드에 관련되는 메시지를 담아내는 브랜디드 콘텐츠란 한마디로 광고 같지 않은 광고다(김운한, 2016).

브랜디드 콘텐츠 위주의 콘텐츠 마케팅이 현대 마케팅의

주요 기법으로 각광받는 시점에서 브랜드의 무대후면영역 (backstage) 정보를 적극적이고 전략적으로 노출하기 위해 시도하는 비하인드 신(behind-the-scene) 콘텐츠도 소비자들의 호응을 얻고 있다. 연구 결과에 따르면 브랜드의 무대후면영역을 인식한 소비자는 그렇지 않은 소비자에 비해 정보 태도, 브랜드 태도, 구매 의도가 더 높게 나타났다. 나아가 광고에 대한 회의주의 성향이 낮은 소비자는 높은 소비자에 비해 브랜디드 콘텐츠에 더욱 긍정적으로 반응하는 것으로 알려지고 있다(문장호, 2015; Moon, 2011).

광고와 마케팅 전문가들은 '비하인드 신' 콘텐츠를 비롯해서 플랫폼과 디바이스에 적합한 브랜디드 콘텐츠를 만들고, 상업적 콘텐츠와 비상업적 콘텐츠를 뒤섞은 변형된 콘텐츠를 미디어 간에 확산하기도 한다. 웹툰이나 손가락 콘텐츠(finger contents)를 비롯한 온갖 디지털 콘텐츠는 모두 예술 지향적인 광고 메시지다. 광고의 본질이 '널리 알리는 목적'에서 '폭넓게 모이게 하는 목적'으로 바뀌는 환경 변화에 따라(김병희, 2021), 광고 창작 방법도 달라지고 브랜디드 콘텐츠도 부상하게 마련이다. 결국 광고와 예술의 만남 혹은 예술의 광고화나 광고의 예술화를 시도하는 아트버타이징(artvertising)의 기반이 충분히 마련되었다고 할 수 있다.

예술 주입 혹은 아트 컬래버레이션

예술작품의 가장 불가사의한 역설은 작품 자체로 존재하는 것처럼 보이면서도 그 자체로서만 존재하지 않는 것처럼 보인다는 데에, 역사적·사회적 제약을 받는 구체적인 독자층(수용자)에 의존하면서도 동시에 도대체 독자를 안중에 두려고 하지 않는 것 같이 보인다는 데에 있다(아르놀트 하우저, 1974). 이처럼 예술작품은 복잡한 특성을 지닌다. 여기에서 구체적인 독자층(수용자)에 의존한다는 예술작품의 특성은 소비자를 대상으로 전개하는 광고 메시지의 특성과 맥락이 닿는다. 이 지점에서 예술작품을 브랜드 마케팅 활동에 활용할 가능성을 엿볼 수 있다.

예술작품을 브랜드 마케팅 활동에 활용하는 사례는 해를 거듭할수록 증가하고 있다. 예술작품을 활용하는 마케팅 활동을 보통 아트 마케팅(art marketing)이라고 하는데 이는 올바른 표현이 아니다. 전문적인 학술 용어인 '예술 주입(art infusion)'이나 원어 그대로인 아트 인퓨전이 맞다. 실무계에서는 아트 컬래버 혹은 아트 컬래버레이션(art collaboration)이라는 용어도 자주 쓰이고 있다(한젬마, 2019). 광고나 마케팅 실무계에서 그렇게 쓸 수도 있겠지만 아트 컬래버레이션은 예술 주입의 변형된 형태로 이해해야 한다(김병희, 2020b).

예술 주입이란 제품이나 브랜드에 예술적 요인을 추가하는 마케팅 활동을 일컫는 말이다. 마케팅을 공부하기 이전에 화가였던 헨리크 핵트베트(Henrik Hagtvedt)는 제품의 패키지에 예술작품(art) 이미지를 더하면 비예술작품(non-art) 이미지에 비해 제품의 고급감과 차별성이 높아진다는 사실을 실험 연구를 통해 입증하였다(Hagtvedt & Patrick, 2008). 연구자들은 17세기의 네덜란드 화가 요하네스 베르메르(Johannes Vermeer, 1632~1675)의 그림 〈진주 귀걸이를 한 소녀〉(1665)의 이미지를 제품에 인쇄했을 경우와 영화 〈진주 귀걸이를 한 소녀〉(2004)에 출연한 여배우 스칼렛 요한슨의 이미지를 제품에 인쇄했을 경우를 비교했다([그림 1-1]과 [그림 1-2] 참조).

[그림 1-1] 원작 '진주 귀걸이를 한 소녀'(1665)

[그림 1-2] 영화에서의 스칼렛 요한슨(2004)

연구 결과, 이미지의 고급감은 모두 높았지만 고급감이 제품에 전이되는 정도와 제품 구매 의향은 스칼렛 요한슨의 사진에 비해 베르메르의 그림이 인쇄된 제품이 통계적으로 유의한 수준에서 높게 나타났다. 고급스러운 이미지는 유사했지만 제품과 결합되었을 때의 고급감과 구매 의향은 예술작품 이미지 쪽이 훨씬 높게 나타나 학계에 '예술 주입'의 가치와 가능성을 환기했다. 이 연구로 인해 헨리크 핵트베트는 스타 연구자로 떠올랐다. 문화예술을 광고에 주입시켜 마케팅 활동에서 성공한 사례는 많다.

[그림 1-3] 카라바조의 유화 '엠마오의 저녁식사' 원작(1601)

[그림 1-4] 드롱기의 광고 '엠마오의 저녁식사' 편(1994)

예술 주입 혹은 아트 컬래버레이션

드롱기(De'Longhi)의 커피머신 광고 '엠마오의 저녁식사' 편 (1994)을 보자. 1902년에 가내 수공업으로 시작한 드롱기는 세계적인 명품 가전으로 자리 잡은 이탈리아 브랜드이다. 광고에는 바로크 시대에 많이 그려진 성화(聖畵)를 배경으로 첨단 커피머신과 커피 잔 두 개가 놓여 있다. 어디서 많이 본 듯한 그림이다. 전체의 5분의 1 정도의 지면에 제품을 소개하는 카피를 배치했다. 카피보다 그림이 눈에 띄는 구도이다. 쳐다보는 순간 성화의 이미지를 차용한 광고라는 사실을 알 수 있다([그림 1-3]과 [그림 1-4] 참조). 카라바조의 그림 〈엠마오의 저녁식사 (The Supper at Emmaus)〉(1601)의 아우라가 떠오른다. 예술의 이미지가 광고에 주입되는 순간이다.

명화 〈엠마오의 저녁식사〉(캔버스에 유채, 195×139cm)는 영국 런던의 내셔널갤러리에 걸려 있다. 부활하신 예수님이 엠마오의 여인숙에서 제자들과 저녁식사를 하고 있는데, 앞에 있는 분이 예수님이라는 사실을 뒤늦게 깨달은 제자들이 깜짝 놀라는 장면을 사실적으로 묘사한 그림이다. 여느 성화에서와는 달리 수염도 없고 통통하게 그려진 예수님의 얼굴이 흥미롭다. 제자 두 명은 앉아 있고 여인숙 주인은 서서 시중을 드는데, 예수님이 부활하신 것을 믿을 수 없다는 표정이 생생하다. 마치 연극의 한 장면 같다. 빛의 명암이 대조되면서 극적인 분위기가 고조되고 그림 속으로 빠져들게 한다.

초기 바로크 시대를 대표하는 카라바조(M. Merisi da

Caravaggio, 1571~1610)는 이탈리아의 독실한 가톨릭 집안에서 성장했지만 살인을 하고 도망자 신세가 되어 39세에 짧은 생을 마감한 비운의 화가이다. 당대의 거장 미켈란젤로를 능가하겠다며 그의 작품을 폄하했던 광기 어린 인물이었지만 빛과 그림자의 대비를 통해 근대 사실화의 길을 개척했다. 부활을 믿지 못해 예수님의 옆구리에 창에 찔린 상처가 있는지 손을 넣어 보는 〈의심하는 토마〉(1601~1602)를 그린 화가로도 유명하다.

드롱기는 이전에도 광고를 했지만 브랜드에 명품 이미지를 넣자는 광고회사의 제안을 받아들여, 그동안 광고에 활용되지 않았던 카라바조의 명화들을 광고 메시지로 '주입(infusion)'했다. 마치 환자에게 수액을 넣듯이 브랜드에 문화예술을 주입한 것이다. 카라바조의 명화들은 드롱기의 커피머신, 전기주전자, 토스터, 오븐, 주방가전, 전기오븐, 계절 가전, 난방기기, 세라믹 히터의 광고에 두루 주입되었다. 마치 우리나라의 LG가 마티스, 클림트, 고흐, 고갱의 명화를 활용해 "당신의 생활 속에 LG가 많아진다는 것은 생활이 예술이 된다는 것"이라는 브랜드 캠페인을 전개했던 사례와 같다. 예술작품을 브랜드 광고에 주입한 시리즈 캠페인 덕분에 드롱기는 세계적인 명품 가전 브랜드로 확고히 자리 잡았다. 광고하기 전에 비해 브랜드 선호도가 22%나 올라갔고, 판매율도 8.2% 신장되었다(김병희, 2020b).

우리나라의 광고 사례를 살펴보자. 오비맥주 레드락의 광고 '퇴근하겠습니다' 캠페인(2018)은 워라밸의 가치를 지향하며 주

52시간 근무제를 실천하자는 사회 캠페인이다([그림 1-5]~[그림 1-7] 참조). 법정 근로시간을 일주일에 68시간에서 52시간으로 줄이자는 '주 52시간 근무제'가 2018년 7월부터 시행되어 직장인들의 관심을 끌었지만 이 제도는 이런저런 이유 때문에 쉽게 자리 잡지 못했다. 이 광고에서는 모든 직장인이 칼퇴근을 꿈꾸지만 잘 지켜지지 않는 현실을 개선하기 위해 퇴근에 대한 인식의 변화를 촉구했다. 광고에 정시에 퇴근해서 맥주 한 잔 마시라는 내용은 없지만 퇴근 후에 사람들이 술집에 들른다는 점에서 맥주회사로서 절묘한 선택을 했다. 더욱이 52시간만 일하자는 내용을 직접 주장하지 않고, 널리 알려진 명화(名畫)를 활용해 간접 화법으로 표현함으로써 메시지의 설득력을 높였다.

광고 기획자들은 캠페인을 전개하기에 앞서 서울의 강남구, 서초구, 종로구, 마포구의 직장인들이 몰리는 곳곳에 LED 갤러리와 오프라인 갤러리를 설치했다. 일과 시간에는 갤러리에 저명한 명화가 그대로 전시되지만, 퇴근 시간인 오후 6시에는 명화 속의 주인공이 사라지는 형식이다. 명화의 주인공이 사라진 자리에는 카피가 떠오른다. 반 고흐의 〈자화상〉을 사례로 소개하면 원작의 위쪽에 "09:00-18:00"이라는 시간 표시가 되어 있다. 오후 6시 정각에 〈자화상〉 속의 고흐가 사라지고 시간 표시도 "18:00-09:00"로 바뀐다. 고흐가 사라진 자리에 "고흐도 퇴근했습니다. 고흐도 주 52시간 근무제와 함께 합니다."라는 카피가 나온다.

[그림 1-5] 레드락 광고 '퇴근하겠습니다: 반 고흐' 편(2018)

    이 캠페인에서는 널리 알려진 명화를 여러 편 활용했다. "나폴레옹도 퇴근했습니다"(자크 루이 다비드의 '알프스 산맥을 넘는 나폴레옹'), "모나리자도 퇴근했습니다"(레오나르도 다빈치의 '모나리자'), "창조주도 퇴근했습니다"(미켈란젤로의 '천지창조'), "마루 깎는 사람들도 퇴근했습니다"(카유보트의 '마루 깎는 사람들'), "키스하던 연인도 퇴근했습니다"(클림트의 '연인'), "이삭 줍는 여인들도 퇴근했습니다"(밀레의 '이삭 줍는 여인들'), "절규하는 사람도 퇴근했습니다"(뭉크의 '절규'), "비너스도 퇴근했습니다"(보티첼리의 '비너스의 탄생'), "예수님도 퇴근했습니다"(레오나르도 다빈치의 '최후의 만찬') 같은 명화 속의 주인공들은 LED 갤러리와 오프라인 갤러리에서 날마다 출퇴근을 반복하며 직장인들에게 즐거움을 주었다.

[그림 1-6] 레드락 광고 '퇴근하겠습니다: 나폴레옹' 편(2018)

[그림 1-7] 레드락 광고 '퇴근하겠습니다: 예수님' 편(2018)

레드락은 소셜 미디어에도 광고 영상을 노출하며 '퇴근한 명화 주인공 맞추기' 이벤트를 진행했다. 오프라인 전시회에 참여한 소비자에게는 근처에 있는 레드락 매장의 쿠폰을 제공하기도 했다. 직장인 유동인구가 많은 지역의 건물 엘리베이터, 버스 정류장, 쇼핑몰에 디지털 옥외광고를 출퇴근 시간에 맞춰 노출하는 섬세함도 놓치지 않았다. 이 밖에도 강남스퀘어를 비롯한 여러 공간에서 명화의 주인공으로 분장한 행위 예술가와 함께 퇴근 인증 숏을 찍는 명화 포토 존을 운영했고, 퇴근 소망의 메시지를 쓰는 행사도 기획해 사람들이 직접 해 보는 참여형 프로그램도 가동했다. 도심 속 갤러리에서 창의적인 아이디어로 시도된 이 캠페인은 온라인과 오프라인을 넘나들며 다채롭게 전개되었다.

레드락은 사람들의 '저녁이 있는 삶'을 응원하고자 했고, 그렇게 해서 명화 주인공의 퇴근이라는 아이디어가 나왔다. 한 번도 퇴근하지 않고 그림 속에만 머무르던 명화 주인공이 오후 6시만 되면 퇴근한다는 기발한 발상이 놀랍다. 사람들의 반응은 기대 이상이었다. 캠페인의 효과를 조사한 결과, 브랜드 인지도는 6%, 브랜드 호감도는 73.8%가 증가했고, 응답자의 69.4%가 레드락을 마셔 보겠다는 의향을 나타났다. 또한 응답자의 79.4%가 주 52시간 근무제를 정착시키는 데 적극 동참하겠다고 했고, 73%가 주 52시간 근무제가 필요하다고 응답했다. 명화 속 주인공의 당당한 퇴근이라는 참신한 아이디어 덕분에 레드락의 판매량도 전년보다 78%나 급상승했다.

이 캠페인은 주 52시간 근무제의 가치를 우회적으로 강조함으로써, 사회 구성원들에게 일과 삶에서 균형 감각을 유지하기 위해 정시에 퇴근하자는 생활 문화를 정착시키는 데 기여했다. 일과 삶의 균형을 찾자는 워라밸(Work and Life Balance)이란 말이 유행해도 새로운 제도가 쉽게 정착되지 못했던 까닭은 우리 사회에서는 그동안 줄곧 출근의 중요성만 강조해 왔지 퇴근 시간은 그다지 중시하지 않았기 때문이다. 모두가 '저녁이 있는 삶'을 동경하면서도 실제로 그렇게 살아가기가 쉽지 않은 한국 사회에서, 퇴근도 출근처럼 중요하다는 사실을 모두에게 일깨워 준 광고 캠페인이었다. 그리고 이 캠페인을 성공시킨 원동력은 예술작품을 광고나 브랜드 마케팅 활동에 활용하는 예술 주입이었다.

우리나라에서도 여러 기업에서 예술 주입을 시도하고 있다. 루벤스, 르누아르, 다빈치, 보티첼리, 라파엘로, 마그리트, 앵그르, 클림트, 고흐, 고갱, 밀레, 고야 등의 그림을 활용해 브랜드 선호도를 높이고 매출액을 높이는 효과를 얻었다. 기업 브랜드에 문화예술을 주입하고자 할 때는 프리미엄 브랜드의 이미지를 얻으려는 목적이 강하다. 여러 기업에서 예술 주입을 시도하는 것 자체는 바람직한 일이지만 일회성 시도로 끝나는 것은 아쉬운 대목이다. 예술가의 걸작이 하루아침에 완성되지 않듯이 브랜드에 대한 예술 주입의 효과도 단기간에 나타나지 않는다.

예술의 유형 분류

예술이란 학문, 종교, 도덕처럼 문화를 구성하는 요인이며 창작과 감상 같은 예술 활동이나 그 성과로 나타나는 예술작품을 총칭하는 개념이다. 예술의 유형을 분류하는 방법은 나라마다 조금씩 다르며 학자에 따라서도 차이가 있다. 문화예술의 강국이라는 프랑스에서는 철학자 헤겔(Georg Wilhelm Friedrich Hegel)이 미학 연구에서 제시했던 건축, 조각, 회화, 음악, 문학이라는 예술의 다섯 가지 기본 범주를 바탕으로 거기에 추가하는 방식으로 예술을 분류한다.

첫 번째 예술은 건축, 두 번째 예술은 조각, 세 번째 예술은 회화, 네 번째 예술은 음악, 다섯 번째 예술은 문학이다. 그리고 다섯 가지 기본 예술에 더하여 여섯 번째 예술은 춤(무용)과 연극 같은 공연 예술(performing arts), 일곱 번째 예술은 영화, 여덟 번째 예술은 사진과 텔레비전 같은 미디어 아트(media arts), 아홉 번째 예술은 만화, 열 번째 예술은 게임과 요리가 해당되는 것으로 알려져 있다(위키피디아, 2021). 프랑스에서는 시대를 대표하는 N번째 예술이 계속 추가될 것이다.

일찍이 독일의 레싱(Gotthold Ephraim Lessing, 1729~1781)은 예술이라는 현상을 시간(時間)과 공간(空間)의 원리에 따라 시간 예술(Zeitkunst)과 공간 예술(Raumkunst)로 구분했다. 이 분류법은 미술과 문학(시)의 경계에 대해 논의한 레싱의 『라오콘(Laokoon)』(1766)에서 처음 중심문제로 취급했다. 레싱은 회화나 조각 같은 공간 예술은 정지된 물체를 묘사하는 데 적합하고, 시는 동작을 서술하는 데만 적합하다며 양자를 구별해야한다는 논리를 전개했다(레싱, 2008).

레싱의 논리에 따라 예술의 유형은 오랫동안 두 집단으로 인식되어 오다가, 이를 더욱 세분화하여 시간 예술(음악, 문학), 공간 예술(회화, 조각, 건축), 시공간 예술(무용, 연극)로 나누는 학자들도 있었다. 후대에 이르러서는 예술의 3유형을 넘어서 시간 예술(음악), 공간 예술(회화, 조각), 시공간 예술(무용, 연극), 상상가상예술(문학)이라는 4유형으로 나누는 학자들도 있었다.

여러 가지 학설이 있지만 예술의 유형을 예술의 존재 방식에 따라, 예술의 근원적 본질에 따라, 예술의 감지 방식에 따라, 예술의 전개 방식에 따라 분류하는 것이 일반적이다. 〈표 1-1〉에 제시한 예술의 유형에서 뮤즈(muse)적 예술이란 그리스 신화에 나오는 학문과 예술의 여신인 뮤즈에서 따온 말이다. 뮤

〈표 1-1〉 예술의 분류 기준과 유형별 종류

분류 기준	예술의 유형
예술의 존재 방식	시간 예술, 공간 예술, 시공간 예술
예술의 근원적 본질	조형 예술, 뮤즈(muse)적 예술
예술의 감지 방식	시각 예술, 청각 예술, 시청각 예술, 상상감각 예술
예술의 전개 방식	정태적(靜態的) 예술, 동태적(動態的) 예술

01 광고와 예술의 유형

즈는 시나 음악의 신으로 알려져 있지만 고대에는 역사와 천문학까지도 포함하는 학예(學藝) 전반의 신으로 간주되었다.

예술과 광고가 서로의 필요에 따라 만나는 현상을 분석하는 이 책에서는 예술의 존재 방식에 따른 분류 기준을 바탕으로 세부적인 내용을 서술하고자 한다. 시간 예술, 공간 예술, 시공간 예술에 따라 현상을 분석하는 것이 광고와 예술의 관련성을 가장 포괄적으로 톺아볼 수 있기 때문이다. 존재 방식에 따라 예술의 유형을 분류하는 상세한 내용은 [그림 1-8]에서 확인할 수 있다.

시간 예술, 공간 예술, 그리고 시공간 예술에 대하여 보다 구체적으로 설명하면 다음과 같다.

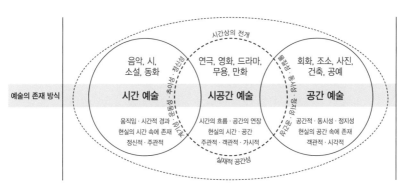

[그림 1-8] 존재 방식에 따른 예술의 유형 분류

출처: 이혜영(2007), p. 12를 바탕으로 수정하고 보완함.

시간 예술

시간 예술은 움직임과 시간적 경과(經過)를 갖는 예술이며 시간의 흐름에 따라 내용이 전개되고 완성된다(안연희, 1999). 시간 예술은 현실의 시간 속에 존재하며, 정신적이고 주관적인 경향이 강하다. 시간 예술은 공간 예술과 대비되는 개념으로 시간의 전후 관계에 따라 계기성(繼起性), 운동성(運動性), 추이성(推移性), 정신성(精神性) 같은 특성을 지니게 된다. 음악, 시, 소설(고전소설, 현대소설), 동화 등은 시간의 흐름 속에서 진행되고 완성된다.

시간 예술에서 시간은 다른 예술에서 찾을 수 없는 본질적으로 중요한 기능을 한다. 그림은 감상하는 순간 시각적 공간감을 느낄 수 있지만 음악은 시간이 어느 정도 지나야 본질적인 감동을 느낄 수 있다. 이미 들어본 음악을 다시 듣거나 문학 작품을 다시 읽을 때가 있는데, 그 순간 음악을 처음 듣던 때나 문학 작품을 읽던 오래전의 시점으로 되돌아갈 수도 있다. 어떤 시간 여행을 하는 격이나 마찬가지다. 시간 예술 작품들은 감상하는 데 필요한 시간이 충족되어야 비로소 예술성이 완결된다.

음악은 어떤 공간에 머무르지 않고 시간의 흐름에 따라 존재한다. 연주자가 음표, 쉼표, 박자, 마디, 음정, 화음, 음계에 맞춰 노래 한 곡을 연주하는 동안에도 시간은 흘러간다. 주관적인 경험에 따라 음악을 감상하는 관객의 입장에서는 시간의 전후 관계에 따라 감동의 물결을 다르게 느끼게 된다. 연주와 감상도 시간적 경과 속에서 진행되고 완성되기 때문에 음악은 실재적 공간성을 갖지 않는 시간 예술이다.

시는 울림, 운율, 조화 같은 음악적 요소와 단어의 회화적 요소를 결합해서 독자의 감정을 자극한다. 시에서의 울림과 운율은 시간의 경과에 따라 전개된다. 노래에서 음정과 박자를 중시하듯 시에서도 운율을 중시할 정도로 시와 음악은 상관성이 높다. '노래 가사=시'라는 논리에 따라 가수 밥 딜런이 노벨문학상을 수상한 것이 시와 음악의 상관성을 상징한다. 나아가 주관적인 시간 속에서 시를 낭송하기도 한다.

소설은 실제 있었던 일이 아니라 작가가 상상을 통해 산문의 형식으로 가공한 이야기로 서사 문예이다. 인물, 배경, 사건이라는 소설 구성의 3요소에서 인물과 사건이 플롯(plot)의 중심이다. 발단, 전개, 위기, 절정, 결말의 구조를 갖는 소설의 단계는 대체로 시간의 흐름에 따라 전개된다. 독자가 소설을 읽거나 낭독하는 모든 행위도 시간의 경과 과정을 통하여 완성된다. 고전소설에서는 작품의 줄거리가 대체로 시간의 흐름에 따라 전개되지만, 현대소설에서는 시간의 흐름을 거스르며 역으로 전개되기도 한다. 시간을 초월해서 의식의 흐름에 따라 이야기가 전개되는 경우도 많다.

동화는 어린이를 대상으로 이야기를 전개하는 시간 예술이다. 동화 작가들은 오랫동안 전승되어 온 이야기를 재구성하지 않고 인간의 보편적인 진실을 어린이의 눈높이에 맞게 표현한다. 어린이 스스로가 동화를 읽거나 부모님이 동화를 읽어 주는 경우에도 시간의 흐름만 있을 뿐 공간이 개입할 여지는 없다. 공간적 구성을 갖지 않고 시간의 흐름에 따라 내용이 완성되는 대부분의 예술이 시간 예술의 범주에 포함된다.

공간 예술

시간 예술과 대비되는 공간 예술은 물질적인 소재로 일정한 공간을 구성하면서 공간적 동시성과 정지성을 바탕으로 형상화하는 예술이다(안연희, 1999). 공간 예술은 각종 재료를 활용해서 일정한 공간을 형상화하기 때문에 물리적, 공간적, 시각적인 특성을 갖게 된다. 공간 예술은 현실의 공간 속에 존재하며, 시각적이고 객관적인 경향이 강하며, 시간이 흘러도 변치 않는 통시성, 그리고 움직이지 않고 멈춰 있는 정지성의 성격이 강하다.

따라서 공간 예술은 재생할 필요가 없는 완성된 형태의 예술 장르다. 이에 비해 음악과 문학 같은 시간 예술은 공연이나 출판이 이루어진 다음에도 작가의 의도에 따라 수정하고 재구성할 수 있다. 공간 예술 작품의 특성은 완성된 작품 자체도 실재하는 공간 속에서 완성되는 면모를 가진다는 점이다. 회화, 조소, 사진, 건축, 공예 등은 공간을 바탕으로 완성하는 공간 예술이다.

회화(그림)는 선, 형태, 색채, 명암, 질감 같은 구성 요소를 활용해서 시각적으로 표현하는 예술이다. 평면에 그려진 표식들은 모두 공간적인 것으로 인식될 성질을 가지고 있다. 전통적으로 회화는 재현된 대상의 공간적 우위라는 특징이 있기 때문에 음악과 대립하는 예술 양식으로 인식되었다. 화가는 평면 위에 양감, 질감, 운동감, 빛 등을 표현함으로써 자신이 그리고 싶은 생각을 형상화한다. 이때 다양한 구성 요소를 활용해서 공간감을 표현한다. 그림에서의 공간감은 주로 양감에 의해 표현되며 이때 형상화되는 공간에는 지각적 공간과 개념적 공간이 있다. 화가는 캔버스에서 2차원과 3차원의 공간을 마련하기 위해 대상을 재현하려고 노력한다.

조소(彫塑)가 공간 예술임은 쉽게 이해할 수 있다. 조소란 재료를 깎거나 새겨서 형상을 만드는 조각(彫刻, carving) 기법과 재료를 빚거나 덧붙여 형상을 만드는 소조(塑彫, modeling) 기법의 첫 글자를 딴 합성어다. 조각에는 다시 환조와 부조가 있다. 환조는 공간에 독립적으로 존재하는 작품이며, 부조는 배경이 되는 벽에서 튀어나오거나 부착되어 있는 형상이다. 조각품은 3차원의 공간에 전시되기 때문에 덩어리와 공간은 조각의 핵심 요소이다. 그에 비해 점성이 있는 재료를 덧붙여 가며 입체적 형상을 빚는 소조는 작품을 변경하거나 수정하기 쉽다. 예술가는 점토, 석고, 밀랍 같은 재료를 활용해서 원하는 형상을 자유롭게 만들어 낼 수 있다.

사진은 빛이나 복사 에너지의 작용을 활용해 피사체의 형태를 영구적으로 기록하는 예술이다. 사진은 순간을 기록하고 나중에 추억을 회상하게 한다는 점에서 시간 예술의 성격도 있지만, 사진작가가 공간을 매개로 생각을 표현한다는 점에서 공간 예술에 해당된다. 일찍이 발터 벤야민(Walter Benjamin)은 사진의 발명으로 인해 예술의 성격이 바뀔 수 있다는 의문을 제기하며, 글씨를 읽을 줄 모르는 사람이 아니라 사진을 읽을 줄 모르는 사람이 현대의 문맹이라고 말했다(발터 벤야민, 2007). 사진이 발명된 초창기에는 전통적인 조형 예술처럼 공간을 계산하는 사진술을 중시했다. 그러나 사진작가들은 차츰 영상과 피사체 사이의 간격을 초월하려고 노력했다.

시공간 예술

시공간 예술은 시간 예술과 공간 예술이 지닌 특성을 모두 지니며, 시각적 요소들이 공간에서 어떠한 형상을 갖추면서 시간의 흐름에 따라 공간에서 구현되는 예술이다. 예술가는 오감을 두루 활용해서 시공간 속에서 예술작품을 구현해 나간다.

시간성과 공간성을 동시에 고려해 시간의 흐름과 공간의 연장이라는 조건에서 구현한다는 점이 시공간 예술의 특성이다.

감상자의 입장에서는 관객으로서의 체험이나 존재감이 시간 예술과 공간 예술에 비해 시공간 예술을 감상할 때 더 부각될 수밖에 없다. 시공간 예술은 레싱이 제시했던 시간 예술과 공간 예술이라는 이분법을 넘어 두 가지 예술 유형이 지닌 장점만을 취한 성격이 짙다. 연극, 영화, 드라마, 무용, 만화 등은 인간의 신체를 바탕으로 시간의 흐름과 공간의 융합을 통해 예술을 완성하기 때문에 시공간 예술에 해당된다.

연극은 공연 예술을 대표하는 장르이자 무대장치, 무대미술, 미디어, 조명, 음향효과, 안무, 음악이 결합된 무대의 종합예술이다. 연극에서는 극의 구성 방법인 드라마투르기(dramaturgie)는 물론 작품의 구조, 플롯, 등장인물이 중요하다. 연극을 공연하는 장소도 대형 무대에서 거리극이나 카페의 임시무대에 이르기까지 다양하다. 연극 연출가들은 현장성과 일회성을 중시하며 공연의 시공간을 확장하고 재구성한다.

영화는 현실의 시간과 공간의 상호관계를 가장 완벽하게 반영한다. 영화에서의 공간은 시간의 흐름이나 사건의 전개를 도와주는 보조적 기능에 머무르지 않고 고유한 특성을 갖는다. 영화적 공간은 인물과 사건의 단순한 배경이 아니라, 인물과 사건이 응축된 이야기 공간이라는 특성이 있다. 시공간 예술인 영화는 시나리오의 완성도도 중요하지만 영화적 공간을 어떻게 설정하느냐에 따라 감동의 깊이가 달라진다.

이야기를 담은 예술 장르로 알려진 드라마는 배경으로 설정된 시공간에 따라 의상, 소품, 무대장치 등이 달라지고 극의 전개도 달라진다. 문학에서는 등장인물의 행동과 대화를 바탕으로 표현하는 예술작품을, 영상 예술에서는 텔레비전 방송극을 의미한다. 무대장치, 소리, 조명 같은 요소로 극적인 환경을 만들어 내는 시노그래피(scenography)에 따라 드라마에서 구현하는 시공간의 예술성도 달라지게 마련이다.

무용(춤)은 몸짓과 표정으로 동작을 완성하는 예술 장르다. 공간적 형상을 가지는 춤은 시간의 구속에 따라 표현하려는 형상이 전개되고 완성되기 때문에 시공간 예술에 해당된다. 음악과 리듬에 맞춰 몸을 움직여서 미적 정서를 나타내는 무용은 시공간적 행위 예술의 정수라고 해도 과언이 아니다. 그렇기 때문에 춤은 예술의 맥락을 넘어서 사람이나 동물 사이의 비언어적 의사소통을 할 때도 자주 활용된다.

패널과 프레임을 바탕으로 이야기를 입체적으로 구성하는 만화는 시간의 흐름이나 공간의 순간 이동과 변형을 자유롭게 구성한다(이순구, 2007). 만화에서 패널(panel)과 프레임(frame)은 장면을 구성하는 표현의 일차 공간이다. 인쇄 만화의 종이 지면, 패널에 형성되는 일차원의 바탕과 배경, 패널의 운용에 따라 나타나는 공간, 모니터 스크린에서 명멸하는 공간, 현실의 공간 등 여러 곳에 만화를 그릴 수 있다.

광고가 과학이냐 예술이냐의 논쟁 속에서 광고의 예술화 가능성에 주목하는 사례가 늘고 있다. 광고의 본질이 '널리 알리는 목적'에서 '폭넓게 모이게 하는 목적'으로 변하자 광고에 예술을 접목하는 아트버타이징(artvertising)이 주목받게 되었다. 마케팅 활동에서 제품이나 브랜드에 예술적 요인을 추가하는 '예술 주입(art infusion)'도 증가했다. 예술과 광고의 관련 양상은 예술의 존재 방식에 따라 구분할 수 있는데, 시간 예술(음악, 시, 소설, 동화), 공간 예술(회화, 조소, 사진, 건축, 공예), 시공간 예술(연극, 영화, 드라마, 무용, 만화)이 그것이다.

02
아트버타이징의 개념

　예술이 광고를 만나고 광고가 예술과 만나 교섭하는 사례가 늘고 있다. 18세기에 고등교육 계층을 위한 순수예술과 일반인이 즐기는 대중예술이 구별되면서, 광고는 순수예술과 어울리기 힘든 상스러운 판매 수단으로 간주되었다. 예술은 고상하고 광고는 상스럽다는 것이다. 그런 인식 때문에 예술과 광고 사이를 잇는 연륙교(連陸橋)가 놓이기까지는 꽤 오랜 시간이 필요했다.

　미디어학자 마셜 매클루언(Marshall Mcluhan)은 일찍이 "광고는 20세기의 가장 위대한 예술 형식"이라며 광고를 예술로 치켜세웠다(Mcluhan, 1976). 광고는 20세기의 가장 위대한 예술 형식이었듯이 21세기에도 위대한 예술 형식의 지위를 유지할 것 같다. 1960년대에 캠벨 수프 깡통이나 코카콜라 병을 활용해 팝 아트를 발전시킨 앤디 워홀(Andy Warhol)이나, 형식주의 예술을 해체하고 비디오 아트를 창시한 백남준 선생도 광고의 예술성에 주목했다. 예술과 광고가 연륙교를 건너는 '아트버타이징'의 세계가 열리고 있다.

예술이 광고가 되고 광고가 예술이 되는 지점

예술과 광고에서 콘크리트처럼 단단한 공통점은 창의성이다(Betoun, 2013). 창의성이 예술과 광고에 필요한 공통의 재료라면, 창작의 결과물은 유일한 차이점이다. 예술작품과 광고물은 출발선은 같아도 목적지는 다르기 때문이다. 예술가가 창의성을 발휘해 작품에 감동을 부여한다면, 광고인은 창의적인 솜씨로 브랜드에 생명을 불어넣는다. 그런데 예술과 광고의 목적을 한곳에서 만나게 한다면 어떻게 될까? 예술이 광고 메시지로 수렴되고 광고도 예술이 되는 그 지점에서의 만남 말이다.

예술(art)과 광고(advertising)의 합성어인 아트버타이징(artvertising)이란 광고에 예술 기법과 요소를 결합시켜 예술의 광고화와 광고의 예술화를 시도하는 표현 장르이자 예술 주입(art infusion)의 한 형태다. 상품 판매의 수단인 광고가 예술이 아닌 것은 분명하지만, 예술과 광고의 컬래버레이션 과정을 거쳐

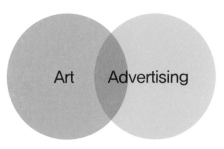

[그림 2-1] 아트버타이징의 개념도

광고가 예술의 반열에 오르게 되니 아트버타이징은 우리말로 '예술 광고'다. [그림 2-1]과 같이 예술 기법과 요소가 광고 메시지 구성의 핵심 요소로 작용할 때 아트버타이징이 완성된다.

19세기에 제작된 프랑스의 포스터에서 아트버타이징의 기원을 엿볼 수 있다. 그 시절의 광고는 예술과 깊은 관계를 유지했다. 19세기의 프랑스에서는 포스터 수집이나 포스터 그리기를 즐기는 '아피쇼마니(affichomanic, 포스터광)' 열풍이 불었다(Zmelty, 2014). 포스터만 그리는 포스터 전문 화가도 등장했다. 결핍과 고독의 화가였던 툴루즈 로트렉(Toulouse Lautrec)이 대표적인데, 그는 정통 회화의 영역을 벗어나 상업용 포스터도 자주 그림으로써 나중에 현대 그래픽 아트의 선구자로 추앙받았다(Définitions Marketing, 2021).

예술을 광고에 차용한 본격적인 아트버타이징은 1789년에 출시된 페어스 비누(Pears Soap) 광고 '비눗방울(Bubbles)' 편(1905)으로 알려져 있다. 가로 20cm에 세로 30cm 크기의 금속 포스터인데, 장식용이나 선물용으로 쓸 수 있도록 주석 성분의 금속판으로 만들었다. 이 포스터는 존 밀레이(John Everett Millais)의 회화 〈아이의 세계(A Child's World)〉(1886)를 패러디한 것인데, 광고가 유명해지자 나중에 그림 제목을 아예 〈비눗방울〉로 바꿨다([그림 2-2]와 [그림 2-3] 참조). 문화예술계에서는 광고라는 시장성에 휘둘려 예술의 순수성을 훼손했다며 밀레이를 거세게 비판했다(Wikipedia, 2021).

비판은 잠깐이었다. '비눗방울' 광고 이후, 회화는 광고와 본격적으로 만나기 시작했다. 20세기 중반까지는 순수미술을 광고에 그대로 활용했고, 20세기 후반에 접어들어서야 예술가와의 협업을 시도했다. 이때까지가 소비재 광고에 예술작품을 접목해 소비자와의 감성적 만족감을 제고하려고 했던 아트버타이징 1.0의 시기였다. 그에 비해 아트버타이징 2.0이 시작된 21세기 초반부터는 그림의 차용을 넘어 조각, 춤(무용), 펜 드로잉, 컴퓨터 그래픽을 활용하는 예술 광고가 증가했다. 최근에는 인공지능 기술까지 적용하며 브랜드 광고에서부터 공익광고에 이르기까지 분야를 가리지 않고 아트버타이징의 영역이 확장되고 있다.

예술의 광고화 혹은 광고의 예술화를 지향하는 아트버타이징의 유형을 어떻게 구분할 수 있을까? 이용우(2010)는 예술 광고(아트버타이징)의 유형을 예술기법 활용 예술 광고, 예술작품 활용 예술 광고, 예술가 협업 예술 광고라는 세 가지 유형으로

[그림 2-2] 존 밀레이의 그림 '아이의 세계'(1886)

[그림 2-3] 페어스 비누의 금속판 광고(1905)

구분했다. 이 분류 기준은 기존의 예술 이론과 아트 마케팅 이론을 바탕으로 분석하고 종합했기 때문에 타당성과 보편성을 확보했다. 아트버타이징의 세 가지 유형에 따라 예술 광고의 감동적인 세계를 체험해 보자.

예술기법 활용형

예술기법 활용형의 아트버타이징은 음악, 문예, 연극, 무용 같은 시간 예술에 쓰이는 표현 기법과 회화, 조각, 건축, 공예 같은 조형 예술에 쓰이는 표현 기법의 원리와 요소를 광고에 활용하는 경우다. 예술의 표현 기법을 보조적 수단으로만 활용하는 정보 전달형의 이성 소구 광고들은 이 유형에서 제외된다. 추상적이고 상징적인 시각언어 체계와 독특한 청각언어를 활용함으로써 독특한 이미지의 잔상을 남기고 예술성을 추구하는 광고가 이 유형에 해당된다.

이 유형은 카피 메시지를 가급적 배제한 상태에서 미디어 아트의 영상 기법, 콜라주 기법, 보디 페인팅 기법, 애니메이션 이미지와 실사 동화상 이미지를 합성하는 로토스코핑(rotoscoping) 기법 등을 활용해 상품이나 브랜드의 특성을 예술적 조형원리와 기법으로 표현한다. 예술기법 활용형은 예술기법을 얼마나 창의적으로 활용할 수 있느냐에 따라 완성도가

[그림 2-4] 샌드버그연구소 '아트버타이징 프로젝트'(2007)

달라지기 때문에 크리에이티브 디렉터나 광고 감독의 감각이
나 능력이 가장 중요하다.

　네덜란드 샌드버그연구소(Sandberg Institute)의 '아트버타
이징 프로젝트'(2007)는 예술기법을 활용한 좋은 사례다([그림
2-4] 참조). 네덜란드 암스테르담에서는 상업과 예술, 사회와
시장의 작용, 개인과 공공 영역의 관계를 탐구하려는 기획이
진행되었는데, 프로젝트의 명칭이 '아트버타이징'이었다. 샌드
버그연구소는 암스테르담의 상업 지역에서 대형 빌딩의 외벽
만 임대해, 그 외벽에 23,000여 개의 전자 타일을 붙이고 광고
주에게 소형 타일 한 개에 19.99유로(약 26,000원)를 받고 광고
판으로 빌려줬다(Sandberg Institute, 2007). 더 많은 면적이 필요

예술기법 활용형

하면 타일을 더 임차하면 되었다.

반응은 폭발적이었다. 구글과 나이키를 비롯한 여러 글로벌 기업들의 광고가 빌딩 외벽을 채웠다. 프로젝트가 진행되는 동안 대부분의 타일이 광고판으로 활용되었다. 광고주들은 미디어 아트, 콜라주, 로토스코핑 같은 여러 가지 예술기법을 활용해 전자 타일에 창의적인 기법으로 브랜드 메시지를 표현했다. 기업이나 공공 단체에서는 저렴한 가격에 브랜드 캠페인 활동을 전개할 수 있었다. OOH(옥외) 미디어를 통해 아트버타이징을 전개한 이 기획은 예술기법 활용형의 가치를 환기하기에 충분했다.

예술작품 활용형

예술작품 활용형의 아트버타이징은 국내외 광고에서 가장 자주 쓰이는 유형으로, 대중에게 널리 알려진 예술작품을 차용하는 경우가 많다. 시, 소설, 영화, 회화, 음악, 무용 같은 저명한 예술작품이나 팝 아트와 키치 예술을 패러디하기도 한다. 원작 그대로를 패러디하는 경우도 있고, 광고 콘셉트에 맞춰 원작을 변형하기도 한다. 원작의 후광효과를 브랜드 이미지로 전이하고자 할 때 예술작품 활용형이 주로 채택된다.

예술작품 활용형은 원작의 후광효과에 얹혀 간다는 장점이 분명히 있다. 그렇지만 너무 쉽게 접근하거나 절묘하게 변용하지 않으면 원작의 아우라를 전이시키지 못할 가능성도 있다. 원작 그대로를 차용할 것인지 아니면 변형시킬 것인지에 따라, 그리고 어떤 장르의 예술작품을 광고에 차용할 것인지에 따라 광고효과도 달라지게 마련이다. 원작을 보다 세심하게 선정하는 안목이 중요한 이유도 이 때문이다. 예술작품을 활용할 때는 원작을 얼마나 창의적으로 배반하면서 표현하느냐가 핵심 관건이 된다.

신세계백화점의 온라인 쇼핑몰 SSG닷컴 광고 '쓱' 편(2016)은 에드워드 호퍼(Edward Hopper, 1882~1967)의 예술작품을 국내 최초로 광고에 활용한 아트버타이징이었다([그림 2-5] 참조). 쇼핑몰(www.ssg.com)을 간명하게 알리기 위해 초성(ㅆㅅㄱ)만 소리 나는 대로 "쓱(SSG)"이라고 발음해 주목을 끌었던 광고다. '쓱 배송'이란 애칭도 그때부터 얻었다. 광고회사의 일러스트레이터로 일했던 호퍼는 미국 도시민들의 고독감과 외로움을 생생하게 묘사했던 사실주의 화가이다. 광고에 회화적 감성을 주입하기 위해 호퍼의 〈브루클린의 방(Room in Brooklyn)〉(1932)과 〈철도 옆 호텔(Hotel by a Railroad)〉(1952)이란 그림의 구도와 분위기를 적극적으로 차용했다(이동환, 2020).

광고 모델로 출연한 공유와 공효진은 무언의 연기를 능청스럽고도 자연스럽게 소화하며 묘한 분위기를 만들어 냈다. 화면이 바뀔 때마다 배경 색상도 바꾼 탓에 광고 영상이 아닌 그

[그림 2-5] 신세계백화점 SSG닷컴 광고 '쓱' 편(2016)

림을 보는 듯했다. 음악인 듯 음악이 아닌 듯 리듬감을 살린 배경 음악은 약간의 긴장감을 유발하면서 광고의 분위기를 낯설게 만들었다. 예술작품 활용형의 아트버타이징에서는 원작의 인지도가 가장 중요한 전제 조건이 될 수밖에 없다. 하지만 '쓱' 광고에서는 원작의 선택에 못지않게, 원작의 느낌과 분위기를 창의적으로 배반하면서 크리에이티브 요소로 활용하는 방법이 더 중요하다는 사실을 깨닫게 해 주었다.

예술가 협업형

예술가 협업형의 아트버타이징은 광고 기획 단계에서부터 광고 창작자와 예술가의 협업을 통해 예술가의 창의성을 광고물에 적극 활용하는 유형이다. 예술가의 창작 세계를 광고물에 적극 수용하는 이 유형은 예술작품 활용형과는 다르다. 2010년 이후 여러 광고에서 적극적으로 시도해 온 이 유형은 예술적 표현에 치중하며 광고의 예술성을 추구한다. 광고 창작의 모든 과정에서 마케터, 기획자, 광고 창작자 모두가 자신이 '광고 예술가'라는 마음을 가지고, 실제 예술가가 창의성을 발휘하도록 원활한 협업 관계를 유지했을 때 더 뛰어난 예술 광고를 얻을 수 있다.

그렇지만 예술가 협업형에서는 예술가와의 협업 관계에서 작가의 작품세계를 그대로 받아들일 것인지 아니면 새롭게 예술작품을 창조할 것인지, 유명한 작가와 협업할 것인지 아니면 신인 작가와 협업할 것인지에 따라 표현의 결과가 크게 달라진다. 따라서 상품과 브랜드의 특성이나 광고 목적에 가장 부합되는 예술가를 선택하는 안목이 중요할 수밖에 없다. 이 유형은 서로 간의 컬래버레이션을 통해 광고물을 예술의 경지로 끌어올려 주기 때문에 아트버타이징의 표현 세계를 끝없이 확장할 가능성이 높다.

SK이노베이션은 2016년부터 진행한 '혁신의 큰 그림' 캠페인에서 예술가 협업형의 아트버타이징을 전개했다([그림 2-6]과 [그림 2-7] 참조). 첨단 기법을 적용해 독창적인 작품을 창작한 예술가에게 '혁신의 큰 그림(Big Picture of Innovation)'이라는 콘셉트를 제시해, 각자의 작업 과정과 결과물을 다섯 차례에 걸쳐 광고 영상으로 표현했다. 예술가 협업형의 아트버타이징은 기업의 가치와 정체성을 알리는 효과적인 방법이었다.

첫 번째 광고는 김정기 작가와 협업한 '라이브 드로잉(Live Drawing)' 편(2016)이었다. 어떠한 밑그림이나 참고 자료도 없이 상상만으로 큰 그림을 완성해 나가는 작업이 라이브 드로잉이다. 작가는 가로 5m와 세로 2m 크기의 캔버스에 SK이노베이션이 세계 무대에서 펼치고 있는 여러 사업 영역과 수출 성과를 섬세한 터치로 묘사했다. 붓 펜이 가는 대로 캔버스 곳곳을 일필휘지로 휘젓다 보면, 작은 그림에서 결국 6개 대륙의 세계지도 형태로 수렴되는 과정은 광고의 백미로 꼽힌다.

두 번째 광고는 터키의 전통예술가 가립 아이(Garip Ay)와 함께한 '에브루(Ebru)' 편(2017)이었다. 에브루란 서로 섞이지 않는 물과 기름을 금속 그릇에 담아 여러 색상의 물감을 흩뿌리거나 붓질해 그림을 그린 다음, 물 위에 뜬 다양한 색상에 종이를 덮어 전사하는 터키의 전통적인 예술기법이다. 우리나라에서는 마블링 기법으로 알려져 있다. 이 광고에서는 '팩트와 임팩트'라는 메시지 구도를 설정해서 SK이노베이션의 사업 영역을 섬세한 터치로 젊은 소비자들에게 인지시켰다.

세 번째 광고는 우리나라의 사이매틱스 예술가 집단인 사일로 랩(SILO Lab)과 협업한 '사이매틱스(Cymatics)' 편(2017)이었다. 사이매틱스란 소리를 출력하는 스피커 표면의 진동에 따라 소리와 진동 및 주파수를 시각적으로 표현하는 예술기법이다. 소비자의 청각을 자극하려고 광고에 화려한 전자댄스뮤직(EDM)을 활용했다. 광고에서는 물의 진동과 모래 입자 및 플라스마의 움직임에 따라 만들어진 소리를 활용해서 SK이노베이션의 미래지향적 가치를 표현하는 데 성공했다.

네 번째 광고는 레바논의 비디오 예술가인 마테오 아콘디스(Matteo Archondis)와 협업한 '하이퍼랩스(Hyperlapse)' 편(2018)이었다. 하이퍼랩스란 고정된 대상을 촬영한 사진을 이어 붙여 속도감 있게 재생하는 특수 영상 기법이다. 구글 어스(Google Earth)로 촬영한 1,800여 장의 위성사진이 광고에 쓰였다. 광고에서는 유럽에서 시작해 중국의 화학 단지, 미국의 오클라호마 광구, 고성능 윤활유가 필요한 혹한의 러시아까지 22,000Km에 이르는 SK이노베이션의 대장정을 보여 주었다.

다섯 번째 광고는 독일의 미디어 디자이너이자 연출가인 토비아스 뷔스테펠트(Tobias Wüstefeld)와 협업한 '틸트 브러시(Tilt Brush)' 편(2018)이었다. 틸트 브러시란 구글의 가상현실 페인팅 프로그램인데, VR 헤드셋과 컨트롤러로 가상현실(VR)에서 3차원 캔버스를 자유롭게 드나들며 물리적 제약 때문에

예술가 협업형

현실에서 불가능했던 정교한 작업도 할 수 있다. 예술가의 첫 그림이 더 큰 그림의 일부가 되고 다시 더 큰 그림으로 확장되면서 글로벌 기업으로 커가는 SK이노베이션의 '큰 그림'을 형상화한 광고였다.

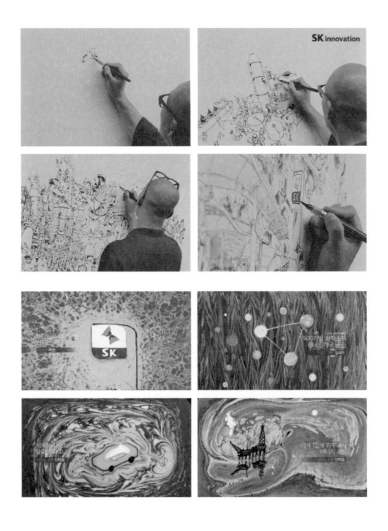

02 아트버타이징의 개념

[그림 2-6] SK이노베이션 기업광고 1~4편. 처음부터 순서대로 김정기 작가의 '라이브 드로잉' 편(2016), 가립 아이의 '에브루' 편(2017), 사일로 랩의 '사이매틱스' 편 (2017), 마테오 아콘디스의 '하이퍼랩스' 편(2018)

[그림 2-7] SK이노베이션 기업광고 5편.
토비아스 뷔스테펠트의 '틸트 브러시' 편(2018)

아트버타이징의 내일

　무엇이든 연결하고 이어 주는 경첩이야말로 창의성과 놀라운 발상의 원천이다(한젬마, 2019). 아트버타이징은 연결하고 이어 주는 생각의 경첩을 통해 완성된다. 앞으로 예술의 광고화와 광고의 예술화는 더 역동적으로 진화할 것이다. 시, 소설, 영화, 드라마, 그림, 조각 같은 예술 장르는 기본이고, 그라피

티, 스텐실, 모자이크 등 여러 예술기법을 활용할 방법은 도처에 널려 있다. 더욱이 인공지능 기술이 접목되어 예술 광고의 환상적인 세계가 펼쳐질 것이다. 예술기법 활용, 예술작품 활용, 예술가 협업이라는 아트버타이징의 세 가지 유형은 앞으로 세포 분열을 거듭하며 새로운 유형을 창출할 것이다.

어떤 아트버타이징이 소비자에게 광고를 보게 하는 데서 끝나 버리면 광고효과도 제한적일 수밖에 없다. 소비자를 매혹시켜 예술 광고 자체를 즐기도록 감동의 여운을 오래오래 남겨야 한다. 아트버타이징이 광고주와 예술가 사이의 잔치만으로 끝나지 않게 하려면, 예술작품과 예술가를 선정하는 첫 단계부터 왜 아트버타이징을 시도하며 어떻게 감동의 여운을 남길 것인지 전략적으로 판단하는 문제가 중요한 이유도 그 때문이다.

아트버타이징의 성과는 비선형적 사고를 바탕으로 예술과 광고를 연결시키는 생각의 경첩을 어떻게 달아 주느냐에 따라 차이가 날 수밖에 없다. 우리는 지금 비선형이 일상화된 시대를 살아가고 있다. 디지털 시대에는 원인에서 결과를 예측하는 선형적 사고에 비해 원인을 알아도 결과를 예측할 수 없는 비선형적 사고도 중요해질 수밖에 없다. 원인에서 결과를 유추하는 선형적 사고만으로는 아트버타이징에서 좋은 성과가 나타나기 어렵다.

예술가의 정신세계와 관련하여 창작자들이 동양 예술철학 개념인 광(狂)의 정신을 창조의 동력으로 삼기를 권고하는 연구가 있어 흥미롭다. 광고 창작자에게 불광불급(不狂不及, 미치지 않으면 미치지 못한다)의 정신이 중요한데, 비선형적 창작 태도인 광(狂)이 비선형적 창작 결과인 일(逸)을 만들어 낸다는 주장이다. 예술 창작에서 광(狂)이 법칙을 깨트리기 위해 건너야 할 다리 같은 것이라면, 광(狂)의 결과로 나타나는 일(逸)은 아무나 모방할 수 없는 예상 밖의 경지라고 했다(김규철, 2020). 다른 생각과 몰입을 통해 다른 결과를 얻기 위해 건너야 할 다리란 결국 이것저것 모두를 연결해 보는 생각의 경첩과 같다. 광고 창작자들이 경첩이든 광(狂)이든 법칙을 깨트리는 아이디어 발상력으로 아트버타이징의 빛나는 세계를 활짝 열어 가기를 기대한다.

☑️ 핵심 체크

예술과 광고의 합성어인 아트버타이징(artvertising)은 광고에 예술 기법과 요소를 결합시켜 예술의 광고화와 광고의 예술화를 시도하는 표현 장르이자 예술 주입의 한 형태다. 아트버타이징은 예술기법 활용형, 예술작품 활용형, 예술가 협업형이라는 세 가지 유형으로 구분할 수 있다. 아트버타이징은 연결하고 이어 주는 생각의 경첩을 통해 완성된다. 아트버타이징이 광고주와 예술가 사이의 잔치만으로 끝나지 않게 하려면, 예술작품과 예술가를 선정하는 첫 단계부터 왜 아트버타이징을 시도하며 어떻게 감동의 여운을 남길 것인지 전략적으로 판단해야 한다.

광고가 예술을 만났을 때
아트버타이징

제2부
시간 예술과 광고

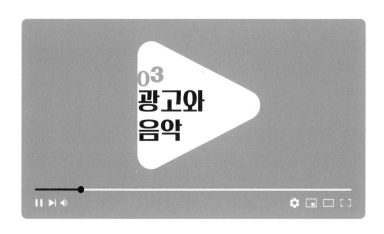

"공무원 시험 합격은 에듀윌~ 공인중개사 합격, 주택관리사 합격도 에듀윌~ 사회복지사 합격도 에듀윌~ 우리 모두 다 같이 에듀윌."

개그맨 서경석이 몸을 흔들며 마이크를 붙잡고 노래를 부르며 튀어나오는 광고는 정말 웃겼다. 에듀윌의 시엠송(CM song) '최다 합격' 편(2014)의 카피는 짧았지만 그 여운은 길었다. 입에 착착 달라붙는 가사는 저절로 흥얼거리도록 했다. 에듀윌의 최다 합격송은 2018년에 힙합 버전, 국악 버전, 대상 버전으로 세 곡이나 노래방 기계의 노래 목록에 정식으로 등록되었다.

에듀윌의 시엠송은 미디어 경계를 넘어 유튜브의 인기 콘텐츠로 등극했다. 에듀윌 최다 합격 광고 공모전의 2019년 대상작인 럭키세븐 팀의 '최다다다송'은 유튜브 1천만 뷰를 돌파했다(김수진, 2019). 무엇이 이런 성과를 가능하게 했을까? 중독성 있는 리듬과 따라 부르기 쉬운 가사(카피)가 일등 공신이었다. 음악이 없는 광고는 상상할 수 없다. 음악이 빠져 버린 광고는 골조공사만 마치고 인테리어를 하지 않은 건축물처럼 흉흉할 것 같다. 마치 입과 혀의 관계 같은 광고와 음악 속으로 달려가 보자.

광고 음악의 영역과 기능

숱한 정보가 범람하는 시대에 소비자들은 광고 메시지를 얼마나 기억할까? 어떻게 하면 메시지를 소비자들에게 기억시킬 수 있을까? 바로 이 지점에 광고 음악이 끼어들 자리가 생긴다. 물리학에서는 음악을 대기의 진동에 의해 파생되는 음파로 정의한다. 소리의 복잡한 조합인 음악은 육체와 정신에 영향을 미치는 감각적 단계, 감정을 자극하는 정서적 단계, 곡의 구조나 주제를 일깨우는 지적 단계를 거쳐 전달된다.

광고 음악은 사람의 감정과 정서를 형성하는 매개체이자 비언어적 커뮤니케이션이다. 이런 사정을 알고 말했는지는 모르겠으나 칼 마르크스(Karl Heinrich Marx)는 광고 음악을 '아편'으로 규정하며 경계했다(Mosdell, 1986). 브랜드에 대한 태도에 영향을 미치는 광고 음악이 그래서 중요할 수밖에 없다. 광고 음악은 크게 배경 음악과 징글이라는 두 영역으로 구분한다.

배경 음악(background music)은 광고의 전반적인 분위기를 만들고 상황을 고조시킨다. 가요, 팝송, 클래식 같은 여러 장르의 음악을 광고 메시지에 맞게 선곡해 배경 음악으로 활용한다. 배경 음악을 어떻게 쓰느냐에 따라 광고의 전반적인 분위기가 달라진다. 따라서 브랜드의 특성과 광고 콘셉트에 알맞게 배경 음악을 선정해야 하며, 그렇기 때문에 전문가의 경험과 음악적 감각이 무엇보다 중요하다.

징글(jingle)은 광고의 언어적 메시지를 노래 가사로 표현하는 광고 음악이다. [그림 3-1]에 제시한 에듀윌의 시엠송 '최다 합격' 편(2014)에서도 징글이 활용되었다. 우리나라에서는 보

[그림 3-1] 에듀윌의 시엠송 '최다 합격' 편(2014)

통 시엠송이라고 한다. 이미 유행한 노래를 징글로 쓰기도 하고, 어떤 광고를 위해 새로 창작하기도 한다. 노래 가사처럼 표현하는 시엠송 형식도 많아 징글은 다양한 형태로 활용되고 있다. 광고 음악 중에서도 광고 메시지의 청각 효과를 주도하는 징글의 중요성은 아무리 강조해도 지나치지 않다.

이 밖에도 로고송(logo song), 로고 사운드(logo sound), 사운드 디자인(sound design)을 광고 음악에 포함시키기도 한다. 로고송은 브랜드 이름이나 기업명을 몇 초의 짧은 노래로 만들어 광고의 끝부분에 붙여 활용하며, '꽃을 든 남자', '파리바게뜨' 같은 로고송이 대표적이다. 로고 사운드는 브랜드 이름이나 기업명의 인지도를 높이기 위해 짧은 리듬으로 만든 소리로, '인텔'의 전자음이나 '종근당'의 종소리가 해당된다. 사운드 디자인은 시청자의 주의를 끌고 극적 효과를 높이기 위해 음향 효과를 발휘하는 음악적 요소다. 로고송, 로고 사운드, 사운드 디자인은 광고 음악을 구성하는 부가적 요소로 간주하고, 배경음악과 징글만을 광고 음악의 두 가지 주요 영역으로 구분하는 것이 보편적인 관점이다.

그렇다면 광고에서 음악은 어떤 기능을 발휘하는 것일까? 광고 음악이 소비자 심리에 미치는 영향을 뇌전도(EEG)를 통해 검증한 연구는 흥미롭다. 이은정과 김주호(2017)의 연구에서는 정서적으로 안정될 때 검출되는 뇌파인 알파파와 우울하고 불안한 각성상태에서 나타나는 베타파를 통해, 광고배경 화

면의 시각적 메시지와 광고 음악을 통한 청각적 메시지의 일치
도가 높을 때 광고 음악이 효과적이라는 사실을 실증적으로 규
명했다.

음악이 광고의 완성도나 메시지 전달력에 미치는 효과는 다
양하다. 광고 음악은 소비자들이 메시지에 주목하도록 유도하
고, 어떤 메시지에 호의적인 감정을 유발해 광고효과를 높이
며, 어떤 메시지에 정서적 반응을 유도해 공감하게 한다. 광고
음악은 또한 브랜드 자산이나 상품의 특성을 기억시키고, 단절
된 메시지 요소를 서로 연결해 화면의 리듬감을 살리며, 어떤
광고의 표적 수용자를 구별하게 하는 기능이 있다.

우리나라 시엠송의 흐름

우리나라에서 시엠송이라고 하는 징글(jingle)은 광고의 언어
적 메시지를 노래 가사로 표현하는 형태로 광고 창작의 영역을
비옥하게 만들었다. 국내 최초의 시엠송은 1959년 11월에 제
작된 '진로 파라다이스' 편(손문 작사, 허영철 작곡)으로 최초의
상업 광고 노래로 알려져 있다([그림 3-2] 참조). 50초의 C장조
로 구성된 이 노래는 당시 유행하던 차차차 리듬에 맞춰 코러
스까지 넣어 흥을 돋웠다. 한국 전쟁이 끝나고 차츰 사회가 안
정을 되찾아 가던 시기에 미국에서 전해진 부기우기와 차차차

[그림 3-2] 진로의 시엠송 '진로 파라다이스' 편(1959)

리듬, 그리고 춤바람 분위기와 맞아떨어지면서 '진로 파라다이스'는 대단한 인기를 끌었다.

징글을 대표하는 시엠송은 오래전부터 광고에서 사용되었다. 샘표간장 시엠송, 진로소주 시엠송, 줄줄이 사탕 시엠송이 대중의 사랑을 많이 받았다. 그러나 1981년에 컬러텔레비전 방송이 시작되면서 광고에서의 영상미가 중요해졌다. 따라서 기업들은 새로운 시엠송을 제작하기보다 영상과 배경 음악의 조화를 모색하며 광고의 완성도를 중시했다. 초창기 시엠송은 다음과 같은 것들이 있다.

아빠 오실 때 줄줄이~
엄마 오실 때 줄줄이~
우리 집은 오리온 줄줄이 사탕(오리온제과 줄줄이 사탕, 1973)

03 광고와 음악

아름다운 아가씨~

어찌 그리 예쁜가요?

아가씨~ 그윽한 그 향기는 무언가요?

아아아아아아아아아~

아카시아 껌!(해태제과 아카시아 껌, 1976)

손이 가요 손이 가~

새우깡에 손이 가요~

아이 손 어른 손~

자꾸만 손이 가~

언제든지 새우깡 농심 새우깡(농심 새우깡, 1984)

[그림 3-3] 농심 새우깡의 시엠송 악보(1984)

새우깡 광고는 1984년 이후 지속되고 있으니 조변석개(朝變夕改)하는 우리 광고계에서 무척 드물고 귀한 사례다. [그림 3-3]에 제시한 시엠송으로 인해 새우깡은 국민 스낵이란 별명도 얻었다.

2002년부터 진행된 하이마트 오페라 시엠송 캠페인은 "하이마트로 가요~"라는 징글이 인상적이었다. [그림 3-4]와 같은 첫 광고는 베르디 오페라 〈리골레토〉 제3막 아리아인 '여자의 마음'을 바꿔 하이마트의 메시지로 전환시켰다. 하이마트의 오페라 시엠송은 10여 년 동안 여러 노래를 패러디하며 광고 음악의 진수를 보여 주었다. 유준상과 김현수가 모델로 나온 첫 번째 광고의 카피는 다음과 같다.

유) 시간 좀 내 주오. 갈 데가 있소.
김) 거기가 어디요?

[그림 3-4] 하이마트의 오페라 시엠송 '결혼' 편(2002)

유) 하이마트.

김) 아니 그럼 지금, 결혼하자는 얘기? 좋아요, 가요.

학생들) 딱 걸렸네~

징글) 하이마트로 가요~(하이마트, 2002)

SK텔레콤 생각대로 T 캠페인 '되고송' 편(2008)은 시엠송이 어떻게 대중문화 텍스트로 확산되는지 보여 주었다. 광고 카피 "생각대로 하면 되고~"가 여러 가지의 '되고송' 버전으로 퍼지며 대중 속으로 확산되었다. 수많은 패러디 버전이 나왔고 휴대전화의 컬러링으로 다운로드를 받았으며, 다양한 주제로 가사를 바꿨다. 광고 모델로 출연한 장동건이 욕조 안에서 노래한 '장동건' 편의 카피는 다음과 같다.

결혼 말 나오면 웃으면 되고~

잔주름 늘면 작게 웃으면 되고~

꽃미남 후배 점점 늘어나면 연기로 승부하면 되고~

스타라는 게 외로워질 때면 친구 얼굴 보면 되고~

생각대로 하면 되고~

생각대로 T(SK텔레콤 생각대로 T, 2008)

이후 '고등어' 편, '댄스' 편, '신발' 편, '김건모' 편, '회사원' 편으로 파급력이 확산되었다. 이 시리즈의 절정은 광고 모델로 최다니엘이 출연한 '회사원' 편이었고, 카피는 다음과 같다.

부장 싫으면 피하면 되고~
못 참겠으면 그만두면 되고~
견디다 보면 또 월급날 되고~
생각대로 하면 되고~

광고에서 최다니엘은 상사에게 불만이 많지만 앞에서는 충성하는 이중적인 모습을 연기함으로써 회사원들의 심리를 재미있게 묘사했다.

BC카드 광고 '찍고 삽시다' 편(2019)은 가수 털보이가 모델로 등장해 흥겨운 노래 한마당을 선사했다([그림 3-5] 참조). 랩 스타일의 카피는 다음과 같다.

사는 게 힘들어요 / 너무 어려워요 / 더 잘 사는 방법을 알려 주세요 / 결제는 편해야지 현금은 왜 충전해? (어휴~) / 쿠폰은 왜 줘 / 내겐 쓸모 없는데 // 찍고 삽시다 / ······(중략)······ QR 결제는~ (BC) / 쿠폰은 (BC My Tag) / BC가 친절하게 챙겨 줄게요 / 디지타르르르르르르~라라~

마지막 부분에서는 '디지털'로 발음하지 않고 "디지타르르르르르~라라"처럼 길게 늘여 재미있는 후렴구로 마무리했다. 이 광고에서는 중독성 있는 파격적인 노래가 강력한 주목 요인

[그림 3-5] BC카드 광고 '찍고 삽시다' 편(2019)

으로 작용했다.

그동안 3,000편가량의 시엠송을 만들어 온 가수이자 작곡가 겸 시엠송 라이터인 김도향(1945~　)은 어느 순간에 시각적인 것들이 다 소리로 바뀌어 들리고 사람 얼굴을 보는 순간 음률과 가사로 들어온다고 하며(김병희, 2011), 시각의 음악적 변화 현상을 설명했다. 따라서 우리는 기업의 시각 정체성(CI)만 고집하기보다 소리 정체성(Sound Identity: SI)을 적극적으로 적용할 때도 되었다. 인간의 오감 중에서 가장 나중까지 살아남는 감각은 청각이니까. 그래서 청각(광고 음악)을 통해 형성되는 연상 이미지는 장기기억으로 남을 수밖에 없다.

배경 음악의 바람직한 활용 방안

광고 음악 중에서 어떤 브랜드에 어떤 배경 음악을 활용해야 바람직한 것일까? 광고의 배경 음악은 광고하는 브랜드나 기업이 지닌 기존의 이미지에 어울리는지 적합성을 고려할 필요가 있다. 어떤 브랜드와 배경 음악의 적합성은 소비자들이 어떤 브랜드를 인지하는 과정에 영향을 미칠 수 있다. 배경 음악은 클래식, 팝, 가요, 재즈, 경음악, 기타의 6가지 유형으로, 배경 음악의 이미지는 성실, 흥미, 능력, 세련, 강건, 우아, 정감, 환상, 열정, 공포, 엄숙, 슬픔이라는 12가지 대표 형용사로 분류할 수 있다(최일도, 2008). 〈표 3-1〉에서 알 수 있듯이 소비자들은 광고 음악에 따라 72가지(6×12)의 정서적 반응을 나타내는 것으로 알려지고 있다.

〈표 3-1〉 배경 음악의 유형과 이미지(대표 형용사)

	클래식	팝	가요	재즈	경음악	기타
성실						
흥미						
능력						
세련						
강건						
우아						
정감						
환상						
열정						
공포						
엄숙						
슬픔						

출처: 최일도(2008)의 논문

광고 음악의 매력은 반복에 있다. 마치 초등학교 시절에 부른 동요가 시간이 한참 흐른 성년이 되어서도 불현듯 떠오르듯이, 소비자의 머릿속에 리듬으로 기억되는 광고 메시지는 시간이 흘러도 쉽게 잊히지 않는다. 광고 표현에 있어서 시각적 차별화가 한계에 다다른 상황에서 앞으로 광고 음악은 차별화의 새로운 블루오션이다. 청각적 여운은 시각적 메시지보다 오래 기억되며 연상 효과도 높기 때문이다. 하지만 광고 음악을 활용했다고 해서 모든 광고가 성공하지는 않는다. 광고 음악이 브랜드의 특성과 맞지 않아 실패한 사례도 많고, 소비자들이 광고 상품보다 광고 음악에만 관심을 가져 매출 신장에 도움이 되지 않는 경우도 있다. 광고 음악을 보다 효과적으로 활용하는 지침은 다음과 같다(김병희, 2007).

- 짧고 쉬운 멜로디로 구성해야 한다. 인간의 기억 용량에는 한계가 있으므로 저절로 친숙해질 수 있는 짧고 쉬운 멜로디로 구성해야 한다.
- 창작과 차용의 기대효과를 검토해야 한다. 새로 작곡하는 창작만이 능사는 아니다. 창작하면 음악에 대한 친숙도가 낮기 때문에 사전에 비용 대비 효과를 검토해야 한다.
- 상품의 특성을 고려해 광고 음악을 선정해야 한다. 광고 음악이 모든 상품군에서 효과를 보장하지 않으므로 브랜드의 특성을 면밀히 분석해 가능성을 타진해야 한다.

- 멜로디를 재미있게 만들어야 한다. 청각적 감정 유발 효과를 기대하면서 흥미로운 곡을 만들어야 한다.
- 카피가 음악에 묻히지 않도록 조절해야 한다. 음악만 들리고 카피가 들리지 않는다면 주객이 전도된 실수다. 따라서 카피가 음악에 함몰되지 않고 잘 들리도록 조절해야 한다.
- 장기 캠페인을 고려해 광고 음악을 선택해야 한다. 광고 음악의 지속성은 장기적인 브랜드 자산을 구축할 가능성이 높기 때문이다.

소리와 가락에 민감한 우리 문화에서 광고 음악이 앞으로 차지할 비중은 아무리 강조해도 지나치지 않다. 청각 영역은 영적 작용을 하는 뇌의 일부분에 직결된다. 따라서 광고 음악은 인간의 감성에 가장 깊이 관여하는 장치로, 광고 창작의 마지막 황금 광맥이 될 것이다.

속마음까지 알아주는 친구를 지음(知音)이라고 하듯이, 광고와 음악은 서로의 필요를 알아주는 절친이다. 음악을 활용한 마케팅(marketing through music) 활동이 점점 증가하는 상황에서 광고와 음악이 만나면 광고 창작의 개화기(開花期)가 열릴 것이다. 이제 광고 창작자들은 소비자의 마음을 낚기 위해 '노래의 그물'을 던지는 음악의 어부가 되어야 한다.

광고 음악은 사람의 감정과 정서를 형성하는 매개체다. 브랜드에 대한 태도에 영향을 미치는 광고 음악이 그래서 중요할 수밖에 없다. 광고 음악은 크게 배경 음악과 징글이라는 두 영역으로 구분된다. 광고 창작의 황금 광맥인 음악은 소리의 복잡한 조합을 통해 육체와 정신에 영향을 미치는 감각적 단계, 감정을 자극하는 정서적 단계, 곡의 구조나 주제를 일깨우는 지적 단계를 거쳐 전달된다. 광고 음악의 매력은 반복에 있다. 광고 표현에 있어서 시각적 차별화가 한계에 다다른 상황에서 광고 음악은 앞으로 차별화의 새로운 블루오션이다.

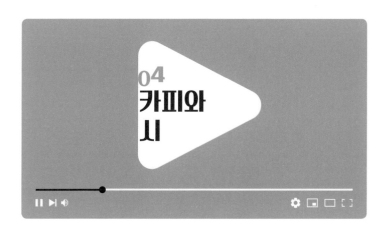

04
카피와
시

'광고는 예술이 아니다'라는 명제에도 불구하고, 광고와 예술의 관련성은 지속적으로 논쟁거리가 되어 왔다. 광고가 지닌 예술적 속성이 결코 가볍지 않기 때문이다. 윤태일이 지적했듯이, 광고는 문학·드라마·미술·음악·춤 등의 개별 예술 장르와 매우 관련성이 높다. 전문가들은 광고를 '자본주의 사회의 공식 예술'이라 명명하지만, 광고업계에서 "예술하고 있네!"라는 말은 빈정거림과 야유를 함축한다(윤태일, 2017). 하지만 '광고 메시지의 등뼈'라고 하는 카피는 문학의 하위 장르인 '시'에서 풍부한 자양분을 얻고 있다.

시란 무엇인가를 설명하는 자리에서 백운복(2006)은 시란 창작하는 서정문학이고, 시적 인식은 새로운 세계를 지향하며,

시의 언어는 표현의 매체이고, 시적 세계관은 자아와 세계의 동일성이며, 시의 의미는 유기적으로 형성된다는 다섯 가지 개념을 제시했다. 여기서 시를 광고 카피로 대체해 보면, 카피란 창작하는 상업문학이고, 카피적 인식은 새로운 소비세계를 지향하며, 카피의 언어는 설득의 매체이고, 카피적 세계관은 자아와 상품의 동일성이며, 카피의 의미는 대중적으로 형성된다고 할 수 있다. 카피와 시의 관련 양상을 보다 구체적으로 살펴보자.

시를 차용한 광고 카피

시와 광고 카피는 언어의 경제성을 추구한다는 공통점이 있다. 광고 카피의 유형은 다양하지만 시의 구조를 그대로 가져와 쓰는 경우도 있다. 대우증권의 기업광고 '눈길' 편(2000)에서는 고승의 가르침 같은 선시(禪詩)를 카피로 인용했다([그림 4-1] 참조). 백범 김구 선생이 1948년 분단을 막기 위해 남북협상을 하러 38선을 넘을 때 읊었다는 시 '답설(踏雪)'이다. 그동안 서산대사의 선시로 두루 알려져 있었지만, 전문가들이 고증한 결과 이 시는 조선시대의 성리학자 이양연(李亮淵, 1771~1853)의 작품으로 밝혀졌다(안대희, 2013).

대우증권의 기업광고에서는 투자의 외로운 길을 설명하기

위해 시를 인용해 카피를 썼다. 대부분의 증권사들이 첨단 금융 기법, 시스템, 수익률, 서비스 같은 메시지를 강조해 온 것과 달리, '길을 아는 사람들'이란 슬로건 아래 길 잃은 고객들에게 길을 제시하는 증권사가 되겠다고 다짐해 신선한 충격을 주었다. 이 카피 덕분에 시 '답설(踏雪)'이 대중에 널리 알려졌고, 명사들의 연설문에도 자주 인용되었다. 카피는 다음과 같다.

踏雪野中去(답설야중거)
不須胡亂行(불수호란행)
今日我行跡(금일아행적)
遂作後人程(수작후인정)

눈 덮인 들길 걸어갈 제
행여 그 걸음 아무렇게나 하지 말세라
오늘 남긴 내 발자국이
마침내 뒷사람의 길이 되리니

새천년 투자의 길이 되겠습니다
길을 아는 사람들 - 대우증권

[그림 4-1] 대우증권 광고 '눈길' 편(2000)

LG텔레콤의 보조금 광고 '일편단심' 편(2006)에서는 이방원의 '하여가(何如歌)'와 정몽주의 '단심가(丹心歌)'를 인용해 소비자의 관심을 불러일으켰다. 이계인과 이재용이 모델로 등장해 원래의 시조를 패러디함으로써 보조금의 혜택을 흥미진진하게 설명했다. 사람들에게 친숙한 역사적 소재를 새롭게 변형하여 서비스에 대한 관심을 환기하고 구매 욕구를 자극하는 데 성공했다. 카피는 다음과 같다.

자막) 옛날 한 나라에 갈등하는 두 신하가 있었으니……

신하1) 이런들 어떠하리, 저런들 어떠하리

늘렸다가도 줄이는 게 보조금 운명인데

우리 한번 보조금 잊고 백 년까지 누려보세

신하2) 이 몸이 죽고 죽어 일백 번 고객 생각

한번 맺은 보조금 언약 어찌 감히 맬 수 있소

고객 향한 일편단심이야 변할 수는 없으리

내레이션) LG텔레콤의 보조금 혜택은 일편단심입니다.

LG의 새해 축하 광고 '진정한 여행' 편(2007)에서는 인생의 희망을 노래하는 시 구절을 차용하며 가슴 벅차게 새해를 맞이하자는 의지와 다짐을 표현했다([그림 4-2] 참조). 배경 사진을 보면 동 트는 새벽녘에 한 무리의 사람들이 어딘가를 향해 뛰어가고 있다. 해 뜨는 바닷가의 벌판에서 정면을 향하지 않고 각자가 자신의 방향을 향해 뛰어가고 있다. 기대와 설렘이 느껴지는 영롱한 해돋이의 장관이다. 사람들은 벌판을 뛰어가며 각자 자신만의 꿈을 설계하는 것 같다. 뛰어가는 장면 아래에 이런 카피가 이어진다.

가장 훌륭한 시는 아직 씌어지지 않았다

가장 아름다운 노래는 아직 불러지지 않았다

최고의 날들은 아직 살지 않은 날들

가장 넓은 바다는 아직 항해되지 않았고

가장 먼 여행은 아직 끝나지 않았다

불멸의 춤은 아직 추어지지 않았으며

가장 빛나는 별은 아직 발견되지 않은 별

시를 인용한 카피라이터는 마지막에 "내일이 기다려집니다"라는 카피 한 줄만을 덧붙였을 뿐이다. 터키의 극작가이자 혁명적 서정 시인으로 유명한 나짐 히크메트(Nazim Hikmet,

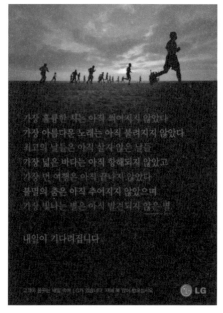

[그림 4-2] LG 광고 '진정한 여행' 편(2007)

1902~1963)의 시 '진정한 여행'의 일부를 광고에서 인용했다. 광고에서 인용하지 않은 원작 시의 나머지 부분을 더 읽어 보자. "무엇을 해야 할지 더 이상 알 수 없을 때 / 그때 비로소 진실로 무엇인가를 할 수 있다 / 어느 길로 가야 할지 / 더 이상 알 수 없을 때 / 그때가 비로소 진정한 여행의 시작이다." 우리말 어법에서는 피동형(被動形)이 아닌 능동형(能動形)의 문장을 쓰기를 권고한다. 피동형 문장은 우리글을 오염시키는 주범으로 자주 지적되어 왔다. 그런데도 '~지 않았다' 식의 피동형으로 시를 번역함으로써 사람들의 참여 의지를 더 촉구하는 묘한 효과를 유발했다.

현대자동차의 새해 축하 광고 '새해에는' 편(2021)에서도 시를 인용해 광고를 했다([그림 4-3] 참조). 새해 아침, 일간 신문에 전면 광고를 해서 건강한 새해를 기원하는 메시지를 전했다. 배경 사진을 보니 눈밭에서 장난치며 놀고 있는 어린이들의 한때가 정겨워 보인다. 누나와 동생 사이인지 아니면 또래 친구인지 그런 건 중요하지 않다. 저토록 천진스러운 시절이 언제 또 있을까 싶을 뿐이다. 사진의 위쪽을 보니 이해인 수녀의 '새해에는, 친구야'라는 시가 세로로 흐르고 있다. 카피로 활용된 시를 음미해 보자.

웃음소리가 해를 닮은
나의 친구야

밝아오는 새해에는

우리 더 많이 웃자

해 아래 사는 기쁨을

날마다 새롭게 노래하자

……(중략)……

갈수록 할 일이 많고 걱정도 많아

때로는 울고 싶은 친구야

달려오는 새해에는

우리 좀 더 씩씩해지자

힘차게 항해하는

바다 위의 배처럼

앞으로 나아가는

희망의 사람이 되자

……(후략)

　카피로 차용된 시에서는 새해에는 더 많이 웃고 더 씩씩해지고 더 앞으로 나아가자는 희망의 메시지를 전했다. 희망의 메시지는 현대자동차가 고객들에게 전하는 새해 인사로 자연스럽게 전이되었다. 광고 메시지를 마무리하며 모두가 건강한 새해를 맞이하라는 별도의 카피를 굳이 쓰지 않아도, 인용한 시 구절만으로도 새해 인사를 전하기에 충분했다. 원작 시는 4연으로 되어 있는데, 광고에서는 1연과 3연을 활용했고 2연과 4연은 생략했다. 생략한 2연에서는 "풀밭 위의 하얀 양들처럼 선하고 온유한 눈빛으로 더 많은 이들을 돕고 이해하고 용서하고 사랑하자"고 했다. 4연에서는 "누가 시키지 않아도 스스로 떠날 줄 아는 한 척의 배가 되자"고 했다.

4연으로 이루어진 원작 시에서 1연과 3연만 활용했으니, 광

[그림 4-3] 현대자동차 광고 '새해에는' 편(2021)

고인들이 이용 허락을 받지 않았다면 원작 시의 동일성 유지권을 침해할 가능성도 있다. 「저작권법」 제13조 제1항에서는 저작물의 내용과 형식의 동일성을 유지할 권리를 저작자가 가지며, 저작자가 명시적 또는 묵시적으로 동의한 범위 내에서 저작물을 변경한 경우에는 저작자의 동일성 유지권 침해에 해당하지 아니하는 것으로 규정하고 있다. 이걸 모를 리 없는 광고인들은 시를 광고에 활용하기 전에 시인에게 이용 허락을 받았을 것이다.

SK 기업광고 '재춘이네 조개구이' 편(2009)은 윤제림의 시집 『그는 걸어서 온다』(2008) 중 '재춘이 엄마'라는 시를 가져다 카피를 썼다([그림 4-4] 참조). 원작에서 광고에 알맞게 분량을 줄였다. 생각하면 늘 가슴이 먹먹해지는 어머니의 사랑을 전함으로써 행복의 공감대를 확장한 인상적인 메시지였다. 주변의 소중한 사람들에게서 행복을 발견해 '당신이 행복'임을 느끼고자 하는 시적 성취도 이뤘다. 카피는 다음과 같다.

재춘이 엄마가
이 바닷가에 조개구이 집을 낼 때
생각이 모자라서
그보다 더 멋진 이름이 없어서
그냥 '재춘이네'라는
간판을 단 것은 아니다

자식의 이름으로 사는 게

그게 엄마 행복인거다

어머니, 당신이 행복입니다

자막) OK! SK

[그림 4-4] SK 광고 '재춘이네 조개구이' 편(2009)

애플의 아이패드 에어(iPad Air) 광고 '당신의 시' 편(2014)에서는 미국 시인 월트 휘트먼(Walt Whitman)의 시집 『풀잎(Leaves of Grass)』(1855) 중 '오 나여, 오 삶이여(O ME! O LIFE!)' 부분을 차용했다([그림 4-5] 참조). 영화 〈죽은 시인의 사회〉에서 존 키팅 선생이 휘트먼의 시를 인용했던 명대사가 1분 30초 분량의 광고에도 그대로 나온다. 어디까지가 영화 대사이고 어디까지가 시인지 알 수 없을 정도다. 경탄할 만한 자연 현상과 장면 속에서 아이패드는 그저 존재할 뿐이다. 광고에서는 상품을 특별히 강조하지도 않는다. 시를 인용한 카피만 잔잔하게 내레이션으로 흐른다.

> 시가 아름다워서 읽고 쓰는 게 아니야.
> 인류의 일원이기 때문에 시를 읽고 쓰는 거야.
> 인류는 열정으로 가득 차 있어.
> 의학, 법률, 경제, 기술 등도 훌륭한 일들이고 삶을 지속하는 데 필요해.
> 하지만 시, 아름다움, 낭만, 사랑, 이것들은 삶의 목적이야.
> 휘트먼의 시를 인용해 볼게.
> 오 나여, 오 삶이여! 수없이 던지는 이 의문!
> 믿음 없는 자들의 끝없는 행렬, 바보들로 넘쳐흐르는 도시
> 아름다움을 어디서 찾을까? 오 나여, 오 삶이여!
> 대답. 당신이 여기에 있다는 것, 생명으로 존재한다는 것
> 화려한 연극은 계속되고, 당신이 시 한 편에 기여할 수 있다는 것

04 카피와 시

어떤 것이 당신의 시가 될까?(What will your verse be?)

[그림 4-5] 애플 아이패드 에어 광고 '당신의 시' 편(2014)

교보생명의 '광화문글판' 캠페인(1991~현재)은 시의 원문에
서 핵심 부분을 발췌해서 광고 카피로 차용해 온 대표적인 사
례다([그림 4-6]~[그림 4-13] 참조). 1991년, 서울 광화문의 교보
빌딩 건물 외벽(가로 20m×세로 8m)에 웅장한 글판이 등장했다.

시를 차용한 광고 카피

"우리 모두 함께 뭉쳐 경제 활력 다시 찾자"라는 '경제 활력' 편 (1991년 1월)이 처음 나왔을 때만 해도 이 캠페인이 30년 이상 계속될 것이라고 누구도 예상치 못했을 것이다.

초기에는 명언이나 격언에 경제 개념을 담아 표어 스타일로 전달하는 내용이 많았다. 외환위기 때부터는 위로와 희망의 메시지가 주로 등장했다. 1998년 봄에 고은 시인의 '낯선 곳'이 등장하면서부터 시어(詩語) 위주로 내걸렸다. 글판의 교체 빈도는 초창기부터 연 1~3회 정도 부정기적으로 바꾸다가, 2003년부터는 계절의 변화에 맞춰 연 4회씩 정기적으로 바뀌 오늘에 이르고 있다. 그동안 인기를 끌었던 광화문글판을 살펴보자.

흔들리지 않고 피는 꽃이 어디 있으랴 / 그 어떤 아름다운 꽃들도 / 다 흔들리며 피었나니(도종환의 '흔들리며 피는 꽃'에서, 2004년 봄 게시)

대추가 저절로 붉어질 리는 없다 / 저 안에 태풍 몇 개 / 천둥 몇 개, 벼락 몇 개(장석주의 '대추 한 알'에서, 2009년 가을 게시)

눈송이처럼 너에게 가고 싶다 / 머뭇거리지 말고 / 서성대지 말고(문정희의 '겨울사랑'에서, 2009년 겨울 게시)

지금 네 곁에 있는 사람, / 네가 자주 가는 곳, 네가 읽는 책들이 / 너

를 말해 준다(괴테의 명언 변용, 2010년 가을 게시)

사람이 온다는 건 / 실은 어마어마한 일이다 / 한 사람의 일생이 오기 때문이다(정현종의 '방문객'에서, 2011년 여름 게시)

자세히 보아야 예쁘다 / 오래 보아야 사랑스럽다 / 너도 그렇다(나태주의 '풀꽃'에서, 2012년 봄 게시)

다시 런 런 런 넘어져도 괜찮아. 또 런 런 런 좀 다쳐도 괜찮아(방탄소년단의 노래 'RUN'에서, 2020년 여름 첫 번째 게시).

때론 지치고 아파도 / 괜찮아 니 곁이니까// 너와 나 함께라면 웃을 수 있으니까(방탄소년단의 노래 'A Supplementary Story: You Never Walk Alone'에서, 2020년 여름 두 번째 게시)

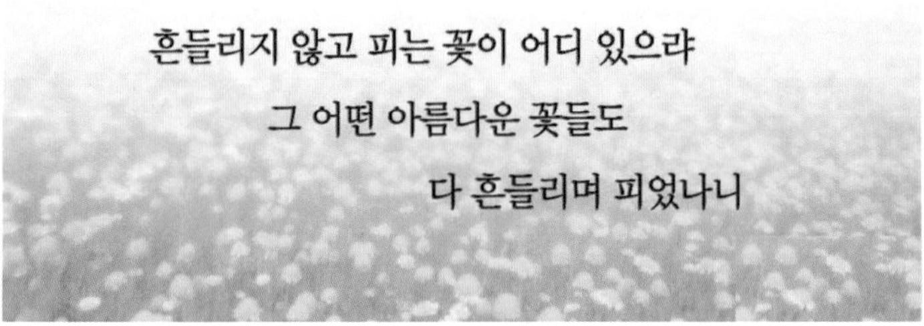

흔들리지 않고 피는 꽃이 어디 있으랴
그 어떤 아름다운 꽃들도
다 흔들리며 피었나니

[그림 4-6] '흔들리며 피는 꽃' 편(2004년 봄)

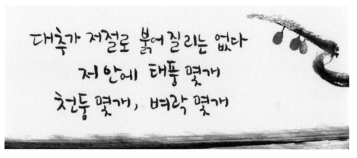

[그림 4-7] '대추 한 알' 편(2009년 가을)

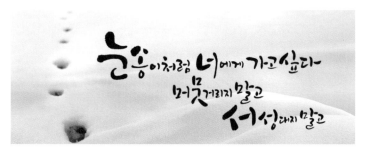

[그림 4-8] '겨울사랑' 편(2009년 겨울)

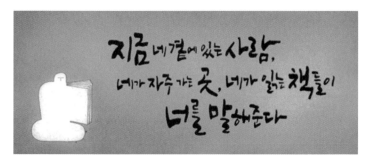

[그림 4-9] '너를 말해 준다' 편(2010년 가을)

사람이 온다는 건
실은 어마어마한 일이다
한 사람의 일생이 오기 때문이다

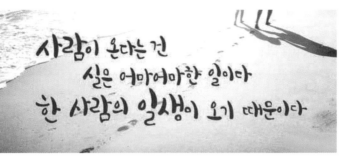

[그림 4-10] '방문객' 편(2011년 여름)

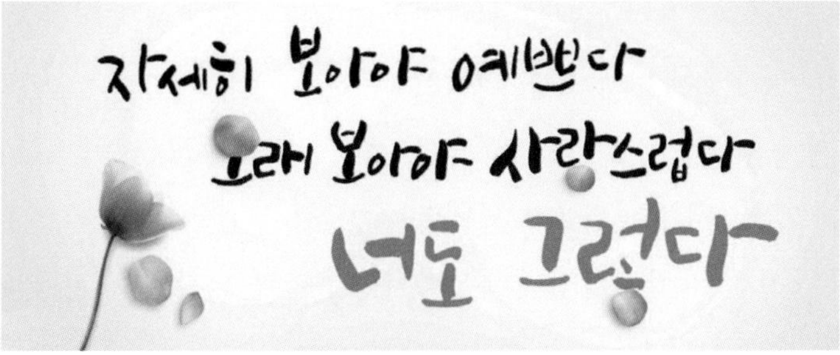

자세히 보아야 예쁘다
오래 보아야 사랑스럽다
너도 그렇다

[그림 4-11] '풀꽃' 편(2012년 봄)

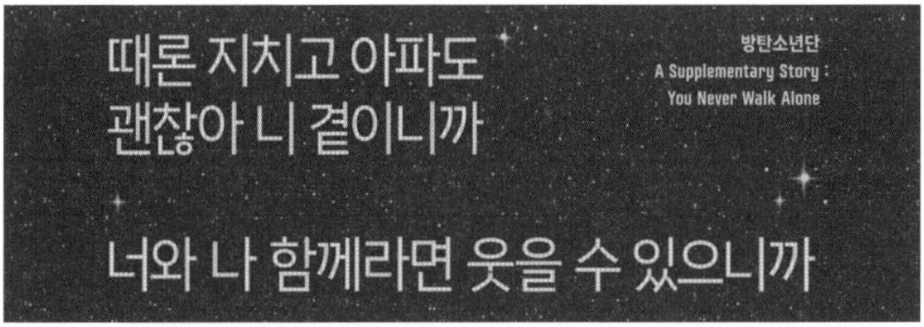

때론 지치고 아파도
괜찮아 니 곁이니까
너와 나 함께라면 웃을 수 있으니까
방탄소년단
A Supplementary Story :
You Never Walk Alone

[그림 4-12] '광화문글판 BTS 두 번째 특별' 편(2020년 여름)

[그림 4-13] '광화문글판 30주년 기념' 편(2020)

    교보생명은 광화문글판 캠페인의 30주년을 맞이해 글판 모음집인 『광화문에서 읽다 거닐다 느끼다』를 출간할 정도로 시를 차용한 이 캠페인에 애착을 나타냈다(광화문글판 문안선정위원회, 2020). 교보생명이 시민 공모로 선정한 '광화문글판 30주년 기념' 편(2020)의 내용은 "세상 풍경 중에서 / 제일 아름다운 풍경 / 모든 것들이 제자리로 돌아오는 풍경"이다. 이 글판은 시인과 촌장의 노래 〈풍경〉에서 가져왔다. 1980년대에 활동했던 시인과 촌장은 서정적인 노래로 사랑받았던 포크 밴드다. 모든 것들이 제자리로 돌아오라는 소망을 담은 노랫말은 우리가 잃어버린 것들을 되돌아보게 한다.

    교보생명의 경영철학과 가치를 알리려고 텔레비전 광고를 했더라면 아마도 천문학적인 광고비가 들어갔을 것이다. 그렇게 하지 않고서도 기업이 좋은 평판을 유지하고 있으니, 비용 대비 효과를 중시하는 광고 효과성 측면에서도 광화문글판의 가성비가 높았다고 평가할 수 있다. 시적 표현이 인상적인

04 카피와 시

광화문글판은 순수문학의 성격을 띠지만 아날로그 브랜드스케이핑(Brandscaping)의 기능을 충실히 수행하면서 교보생명의 브랜드 이미지를 관리하는 데 기여했다(이은경, 2014). 조금 전문적인 용어를 써 보면, 광화문글판은 기업의 공유가치창출(Creating Shared Value: CSV)에 기여하는 기업 커뮤니케이션 활동이다. 공유가치창출이란 사회적인 요구와 문제를 해결하며 경제적 성과를 창출하려는 장기적 관점의 기업 활동이다. 공유가치를 창출하려면 먼저 기업의 경영철학과 비전을 정립해 알려야 하는데, 광화문글판은 교보생명의 경영철학과 가치를 소비자들에게 굳이 설명하지 않고도 인지도 제고에 크게 기여했다.

이 밖에도 정현종의 '섬'에서 "사람들 사이에 섬이 있다 그 섬에 가고 싶다"를 "사람들 사이의 섬이 되고 싶습니다"로 바꾼 현대백화점, 윤동주의 '서시'에서 "하늘을 우러러 한 점 부끄럼이 없기를"을 "하늘을 우러러 한 점 부끄럼이 없는 우리 김치"로 변용한 종가집 김치, 신경림의 '목계장터'에서 "하늘은 날더러 바람이 되라 하고"를 "하늘은 날더러 바람같이 살라 하네"로 패러디한 LG전자 휘센 에어컨, 최영미의 '서른, 잔치는 끝났다'를 "서른, 잔치는 시작됐다"로 바꾼 SK텔레콤의 스피드011 등 여러 광고 카피에서 시를 활용해 기대 이상의 효과를 봤다.

카피를 차용한 시

시가 카피에 차용된 경우와는 달리, 카피가 시 속에 들어온 경우도 많다. 우리나라에서 광고가 새로운 대중문화 현상으로 각광받기 시작한 것은 근대화와 산업화가 상당히 진척돼 자본주의 생활 양식과 문화가 일상에 본격적으로 침투한 1980년대부터다. 시를 쓸 때 카피나 광고의 표현 기법을 가져와 사용하기 시작한 때도 그 무렵이다.

황지우 시인의 시집 『새들도 세상을 뜨는구나』(1983) 중 '심인'(p. 29)에서는 신문에 게재된 심인(尋人) 광고의 카피를 적극적으로 차용했다. 심인 광고를 3연에 걸쳐 발췌하고 마지막 연에서는 화장실에 쭈그리고 앉아 시대의 아픔을 곱씹는 시인의 마음을 투영했다. 이 시에서는 자녀의 가출로 가족관계가 단절되는 현실을 비롯한 부조리한 사회상을 카피를 빌려와 촘촘히 묘사했다. 시의 전문은 다음과 같다.

'김종수' 80년 5월 이후 가출
소식 두절 11월 3일 입대 영장 나왔음
귀가 요 아는 분 연락 바람 누나
829-1551

'이광필' 광필아 모든 것을 묻지 않겠다

돌아와서 이야기하자

어머니가 위독하시다

'조순혜' 21세 아버지가

기다리니 집으로 속히 돌아오라

내가 잘못했다

나는 쭈그리고 앉아

똥을 눈다

오규원 시인은 시를 쓸 때 광고 카피를 적극적으로 활용함으로써 현대의 소비문화를 우회적으로 비판한 것으로 유명하다. 그의 시집 『가끔은 주목받는 生이고 싶다』(1987) 중 '가끔은 주목받는 生이고 싶다'(p. 100)에서는 구두 브랜드 슈발리에의 카피를 액면 그대로 인용했다. 광고의 비주얼을 시어로 형상화하고, 카피를 시어로 변모시켰다.

선언 또는 광고 문안

단조로운 것은 生의 노래를 잠들게 한다.

머무르는 것은 生의 언어를 침묵하게 한다.

人生이란 그저 살아가는 짧은 무엇이 아닌 것.

문득──스쳐 지나가는 눈길에도 기쁨이 넘치나니

가끔은 주목받는 生이고 싶다──CHEVALIER

장정일 시인의 시집 『햄버거에 대한 명상』(1987) 중 '샴푸의 요정'(pp. 57-58)에서는 텔레비전 샴푸 광고의 카피를 인용했다. 광고 모델을 '현존하는 유일한 요정'으로 설정해 모델에 현혹되는 소비자 심리를 묘사했다. 이 시는 광고 시청자가 카피 메시지의 헛된 욕망에 자신을 동일시하는 경향을 비판하면서도 매혹적인 상품에 비판적 거리를 유지하려는 사람들의 이중적 태도를 보여 주었다(전병준, 2014). 전체 8연으로 구성된 이 시의 5연을 보면 다음과 같다.

선전문안이 들끓는 밤 열한 시

나지막이 샴푸의 요정이 속삭이지 않는가

그녀의 노래가 귓전에 맴돌지 않는가.

쓰세요, 쓰세요, 사랑의 향기를

느껴 보세요. 그리고 그녀의 약속이

가슴속에 고동치지 않는가. 오늘 밤

당신을 찾아가겠어요, 광고 속에서

그녀는 약속했었지. 욕망이 들끓는 사내의 머리통.

함민복 시인 역시 카피를 차용한 시를 많이 썼다. 카피가 시인의 상상력을 추동하는 아이디어 원천이 된 셈이다. 그의 시집『자본주의의 약속』(1993) 중 '광고의 나라'(pp. 54-55)에서는 자본주의를 비판해 사람들의 관심을 불러일으켰다. 자본주의와 광고의 세계를 예찬하는 시 같지만 실제로는 카피를 활용해 현대 문명을 풍자했다. 시인은 카피를 가져다 기둥과 서까래로 쓰며 '시의 집'을 건축했다.

광고의 나라에 살고 싶다
사랑하는 여자와 더불어
아름답고 좋은 것만 가득 찬
저기, 자본의 에덴동산, 자본의 무릉도원,
자본의 서방정토, 자본의 개벽세상—

인간을 먼저 생각하는 휴먼테크의 아침 역사를 듣는다. 르네상스 리모컨을 누르고 한쪽으로 쏠리지 않는 휴먼퍼니처 라자 침대에서 일어나 우라늄으로 안전 에너지를 공급하는 에너토피아의 전등을 켜고 21세기 인간과 기술의 만남 테크노피아의 냉장고를 열어 장수의 나라 유산균 불가리~스를 마신다. 인생은 한 편의 연극, 누군들 그 드라마의 주인공이 되고 싶지 않을까. 사랑하는 여자는, 드봉 아르드포 메이컵을 하고 함께 사는 모습이 아름답다. 꼼빠니아 패션을 입는다. 간단한 식사 우유에 켈로그 콘프레이크를 먹고 가슴이 따뜻한 사람과 만나고 싶다는 명작 커피를 마시며 어떤 어려움이 닥쳐도 할 말은 하고 쓸 말은 쓰겠다는 신문을 뒤적인다. (이하 생략)

카피와 시의 절실한 만남

공감을 추구하는 창의적인 커뮤니케이션이라는 점에서 시와 카피는 동질적이다. 시가 인간의 꿈과 정서를 자극하며 언어와 이미지로 독자와 교감하듯, 카피도 소비자의 욕망을 자극하며 상품 메시지를 창조해 소비자를 설득한다(전동균, 2006). 그렇지만 시 창작이 독자의 정서를 자극하는 비상업적 예술 행위인 반면, 카피 창작은 소비자의 구매를 촉구하는 상업적 글쓰기라는 점에서 이 둘은 뚜렷한 차이가 있다. 이처럼 카피와 시는 공통점도 있고 차이점도 있다.

시(詩)라는 말을 풀어 보면 말씀(言)의 사원(寺)이자 언어가 수양하고 있는 공간이다(이희복, 2009). 언어를 단련시킨다는 시와 카피의 공통분모가 존재하므로 카피를 '자본주의의 시'이자 '후원자가 있는 시'라 할 수 있다(Hayakawa, 1968). 프랑스 시인 블레즈 상드라르(Blaise Cendrars)는 "광고는 시의 영역이다. 광고는 시어로 말한다. 광고는 시를 연출한다."고 했고, 광고인 윌리엄 번벅(William Bernbach)도 "진정한 광고 거장들은 언제나 시인이었다. 그들은 사실을 발판으로 도약해 상상과 아이디어의 세계로 비상했다."고 했다(김병희, 2014).

하지만 시를 차용한 카피나 카피를 차용한 시라고 해서 언제나 빛나는 건 아니다. 상관성 없는 내용을 억지로 차용함으로써 실패의 쓴맛을 본 시나 카피의 사례도 있다. "광고 카피 한 줄이 예전에 사람들에게 읽히던 시 한 수의 힘을 감당할 것"이라는 박두진 시인의 예언은 적중했지만, 시와 카피 혹은 카피와 시가 절실한 필요에 의해 만났을 때 비로소 그 빛을 발휘하게 된다. 카피와 시의 행복한 만남으로는 부족하다. 간절하고 절실한 필요에서 만날 때 공감의 파장을 넓혀 갈 수 있다.

☑ 핵심 체크

광고 메시지의 등뼈인 카피는 시에서 풍부한 자양분을 얻는다. 광고 카피를 시의 개념으로 풀어 보면, 카피란 창작하는 상업문학이고, 카피적 인식은 새로운 소비세계를 지향하며, 카피의 언어는 설득의 매체이고, 카피적 세계관은 자아와 상품의 동일성이며, 카피의 의미는 대중적으로 형성된다. 시와 광고는 언어의 경제성을 추구하는 이웃사촌이다. 시 창작이 독자의 정서를 자극하는 비상업적 예술 행위인 반면, 카피 창작은 소비자의 구매를 촉구하는 상업적 글쓰기라는 점에서 이 둘은 차이가 있다. 카피와 시는 이처럼 공통점도 있지만 차이점도 크다.

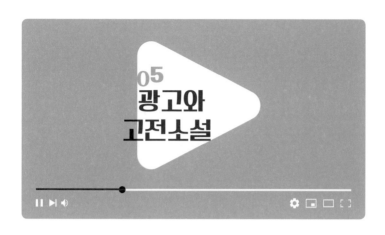

05
광고와
고전소설

인류의 문화 원형이 고스란히 담긴 동서양의 고전소설은 현대에도 통용되는 보편적인 이야기 구조를 지니고 있다. 이에 고전소설은 디지털 시대에도 새롭게 변주되면서 문학, 연극, 영화, 드라마, 뮤지컬, 춤, 게임, 그림 같은 여러 분야에서 문화 콘텐츠로 거듭나고 있다. 고전소설이 시공간적 거리에도 불구하고 대중문화 콘텐츠로 자주 변용되는 까닭은 작품에 담겨 있는 의미와 사상이 시대를 초월하는 가치가 있기 때문이다.

광고 분야에서도 예외가 아니다. 광고에서 고전소설을 차용하는 주된 이유는 소설의 독서 경험을 활용하면 광고효과가 배가되기 때문이다. 고전소설은 오랫동안 전승되는 과정에서 이야기 구성력이 탄탄해졌다. 소설을 읽은 소비자의 독서 경험이 광고에 몰입하게 하는 동력으로 작용하는 셈이다. 고전소설은 이야기의 구조가 간명하고 시대를 초월하는 공감대 요소가 많아, 메시지의 명료성과 소비자의 공감을 추구하는 광고의 구조와도 들어맞는다. 광고와 고전소설의 접목 양상을 살펴보기로 하자.

춘향전과 그리스 로마 신화를 차용한 광고

광고에서 우리 고전소설을 차용한 사례는 많다. 광고에서 소설의 독서 경험을 활용하여 광고효과를 높이기 위한 목적에서였다(김정우, 2010). 두루 알다시피 『춘향전』은 다양한 버전으로 새롭게 태어난 대표적인 고전소설이다. 조선 후기 하층 문화에서 출발한 『춘향전』은 상층의 사대부 문화와 19세기의 인쇄문화를 거쳐 20세기의 공연문화를 수용하면서 구비문학(口碑文學)에서 판소리로, 판소리 사설에서 판소리계 소설과 한문소설 및 창극으로 창작되었다(서보영, 2014).

근대 이후에도 『춘향전』은 영화, 드라마, 연극, 무용, 창극, 만화, 뮤지컬, 광고, 지역 축제에 이르기까지 다양하게 변용되며 우리나라의 스테디셀러로 자리매김했다. 『춘향전』은 삼택당의 머릿기름 본춘향유 광고(1926), 락희화학공업사(전 LG)의 럭키 춘향 광고(1956), 롯데제과의 팥빙수 광고(1985), 광동제약의 광동탕 광고(1995), 대한보청기의 보청기 광고(1995), 한국베링거인겔하임의 들코펄 광고(2002)를 비롯한 여러 광고에서 두루 활용되었다. 성춘향과 이몽룡의 이별 장면을 차용한 락희화학공업사의 광고 '럭키춘향' 편(1956)의 카피는 다음과 같다.

이도령) 춘향아, 너무 슬퍼하지 말아라.

춘향) 흐흐흑~ 허허헉~ 흐흐흐흑~ 서방님, 한양 가시더라도 소첩 본 듯이 이 럭키치약을 쓰시옵소서. 이 치약으로 말씀 드리오면 저 유명한 럭키화학에서 만든 것이와요.

이도령) 한양 길이 천 리라도 내 쉬 널 데리러 오마. 아하~ 그동안 날 본 듯이 이것을 간직하고 있어. 그 럭키비누는 국내 최대 최신 시설을 갖춘 럭키유지에서 만든 것이고, 피부 보호제 라노링이 배합되어 있어, 살결이 희어지며 부드러워지고 아름다운 너의 피부를 보호할 것이니라.

향단이) 럭키비누 사이소. 럭키비누 럭키비누에. 한양 가신 도련님은 오시지는 않고 우리 춘향아씬 옥에 갇혔으니 비누 장사라도 해서라도 도와야겠어요. 여러분, 많이 애용해 주세요. 럭키비누 사이소. 럭키비누 럭키비누 사이소. 에에.

이 광고에서는 『춘향전』에 대한 소비자의 경험을 있는 그대로 차용하되, 줄거리에 알맞게 럭키치약과 럭키비누의 메시지를 슬쩍슬쩍 끼워 넣었다. 소설에서와 똑같이 성춘향은 아버지를 따라 서울로 떠나는 이몽룡에게 사랑의 정표인 럭키치약을 울면서 내민다. 몽룡도 춘향에게 럭키비누를 선물하며 "살결이 희어지며 부드러워지고 아름다운 너의 피부를 보호할 것"이라고 했다. 이 광고에서는 『춘향전』의 서사 구조를 그대로 유지하면서도 소비자 혜택을 부각시키는 아이디어를 구사했다.

낙농자조금관리위원회의 광고 '신춘향전' 편(2007)에서는 청소년들이 우유를 더 좋아하고 자주 마시게 하려고 『춘향전』을 차용했다([그림 5-1] 참조). 향단은 춘향에게 우유를 권하지만

[그림 5-1] 낙농자조금관리위원회 광고 '신춘향전' 편(2007)

춘향은 한사코 우유를 거부하고 향단이 계속 우유를 마신다. 춘향을 대신해 몇 년 동안이나 우유를 마신 결과 향단은 늘씬한 몸매에 뽀얀 피부를 갖게 된다. 고향으로 돌아온 몽룡은 결국 향단을 춘향이로 착각해 포용하는데, "마신대로 거두리라"는 카피가 흐르며 광고가 끝난다.

[그림 5-2] 낙농자조금관리위원회 광고 '신춘향전2' 편(2008)

이 광고의 매력은 춘향에게 돌아온 몽룡이 우유를 먹지 않은 춘향보다 향단에게 끌리게 된다는 설정이다. 등장인물의 관계는 그대로 유지하면서도 인물의 역할을 바꿔 우유의 혜택을 부각시킨 아이디어가 돋보인다. 원작을 재치 있게 변용함으로써 소비자들이 광고에 더 주목하게 만들었다. 우유 소비를 촉진하는 메시지에 유머 코드를 넣어 더 재미있게 마무리함으로써 광고의 완성도를 높인 것이다.

낙농자조금관리위원회의 광고 '신춘향전2' 편(2008)에서도 "마신대로 거두리라"는 핵심 메시지를 계속 강조하기 위해 『춘향전』의 결말을 뒤집는 기발한 반전으로 하얀 우유의 매력을 부각시켰다([그림 5-2] 참조). 1편에서 흰 우유를 먹고 예뻐진 향단이가 몽룡과 맺어졌다면, 2편에서는 춘향이 우유를 즐겨 마셔 미남이 된 변 사또와 짝을 맺게 된다고 설정했다. 가수 화요비가 춘향이로, 탤런트 류태준이 변 사또 모델로 출연했다. 이 광고에서는 뒤늦게 후회하며 우유를 마시려고 젖소 뒤를 쫓던 춘향의 모습을 그려 냈다.

변 사또는 열심히 우유를 마셔 예뻐진 춘향에게 수청을 들어 달라며 재촉한다. 하지만 춘향은 수청을 완강히 거부하고, 춘향의 미모에 목마른 변 사또는 계속해서 우유를 마시며 춘향을 설득한다. 실랑이가 계속되자 춘향은 더 완강히 거절하려고 고개를 들게 된다. 고개를 들어 변 사또의 얼굴을 쳐다본 순간, 춘향은 변 사또의 매력에 흠뻑 빠져 버린다. 평소 우유를 즐겨 마셨던 탓에 변 사또의 피부가 희고 고왔고 훤칠한 외모도 매력적이었기 때문이다. 춘향이는 꽃미남으로 변한 변 사또에 반해 돌아온 정인(情人) 이몽룡을 무시하고, 변 사또와 사랑에 빠진다는 내용으로 광고가 끝난다.

메리츠화재의 광고 '춘향' 편(2014)도 흥미롭다. 광고 모델로 조여정이 춘향이로 등장해 단아하면서도 우아한 한복 자태를 과시했다([그림 5-3] 참조). "어사 이몽룡과 결혼한 춘향이는 오늘도 독수공방(獨守空房)이라는데……"라는 자막과 함께 광고가 시작되면, 춘향이 대감 댁의 안방마님으로 등장한다. "고개

[그림 5-3] 메리츠화재 광고 '춘향' 편(2014)

를 들라. 어디 너희의 재주 한번 보자꾸나." 춘향이 이렇게 묻자, 걱정인형들은 "저희는 그저 곁에만 두면 행복해집니다." 하며 춘향을 안심시킨다.

독수공방으로 외로워하는 춘향이도 메리츠화재의 걱정인형만 있으면 늘 안심하고 잠을 잔다는 내용이다. 춘향은 "그럼 나도 한번 행복하게 해 보거라." 하며 인형들에게 기대감을 나타내는 순간, "행복을 곁에 두세요. 메리츠화재."라는 내레이션이 흐른다. "몽룡 씨보다 낫구나." 춘향이 이렇게 말하며 함박웃음을 짓자 걱정인형들이 안마를 해 주며 광고가 끝난다. '춘향이 정부인(貞夫人)이 됐다'는 원작에 없는 설정은 소비자들이 자신의 독서 경험에 비춰 광고와 고전소설 사이를 오가며 텍스트를 해석하게 만들었다.

미국 작가 토머스 불핀치(Thomas Bulfinch)가 『신화의 시대 (The Age of Fable)』(1855)를 출간하면서부터 『그리스 로마 신화』는 세상에 널리 알려졌다. 이미 존재하던 고대 그리스와 로마의 신들에 대한 이야기를 집대성한 이 책에서는 신들의 질투와 사랑을 흥미롭게 전개했다. 우리나라에서도 오비디우스의 『변신이야기』(1998)가 번역되고, 『이윤기의 그리스 로마 신화』(2000) 시리즈가 출간되면서 한국 사회에서도 신화가 집중 조명되었다.

팬택스카이 베가 광고에서는 『그리스 로마 신화』를 바탕으로 이야기를 전개했다. "신(神)의 질투를 부르다"라는 슬로건을

[그림 5-4] 팬택스카이 베가 광고 '제우스' 편(2010)

바탕으로 정우성과 차승원이 등장하는 두 가지 버전으로 제작
했다. '제우스' 편(2010)에서는 "신의 공격이 거세어질수록 베가
의 능력도 증명됐다"는 자막으로 광고가 시작된다([그림 5-4] 참
조). 신을 피해 달아나려는 정우성과 구름 떼를 몰고 스마트폰
을 빼앗으려는 제우스신 사이의 격돌은 남성의 질투심을 보여
주기에 충분하다. "누구에게도 지지 않는다, 내 손에 치명적 무
기가 있는 한."이라는 카피는 베가가 비장의 카드라는 뜻이다.
스마트폰을 든 정우성은 "치명적 스마트, 신의 능력에 맞서다"
라는 카피에 걸맞게 제우스신과의 대결에서 결국 승리한다.

[그림 5-5] 팬텍스카이 베가 광고 '메두사' 편(2010)

이어지는 '메두사' 편(2010)에서는 인간과 메두사의 대결을
그려 냈다([그림 5-5] 참조). "세상 모두가 질투할 스타일을 가
져본 적이 있는가." "치명적인 스타일은 돌이킬 수 없는 줄 알
면서도 끝까지 탐하게 만든다." "설사 그것이 신일지라도." 앞
부분에 등장하는 세 줄의 카피는 정우성과 차승원이 스쳐 가며
임무를 교대하는 장면을 설명하는 설정이다. 차승원의 베가를
발견한 메두사는 그를 유혹해 죽인 다음 베가를 손에 넣으려
한다. 신도 탐낼 만한 완벽한 스마트폰이었기 때문이다. 음악
의 신 오르페우스의 리라(하프) 손잡이인 베가도 부각시켜 광

고를 더욱 몽환적인 분위기로 만들었다. "치명적 스타일, 신의 비극을 부르다." 마지막 부분의 이 카피는 매혹적인 상품 메시지다. 『그리스 로마 신화』를 모르는 사람도 없지만 제대로 아는 사람도 많지 않은 현실에서 두 편의 광고는 신화의 신비를 환기하기에 충분했다.

심청전, 흥부전, 토끼전을 차용한 광고

우리가 아는 『춘향전』을 비롯해 『심청전』, 『흥부전』, 『토끼전』은 광고에서 자주 차용되어 왔다. 네 소설의 공통적인 특징은 관련 설화를 바탕으로 대중성과 보편성을 확보한 판소리계 소설이라는 점이다. 두루 알려진 이야기에 광고 메시지를 쉽게 얹힐 수 있고 이본(異本)도 많다는 점에서, 광고에서 원작의 이야기 줄거리를 바꿔도 전혀 부담스럽지 않다(이은경, 2011).

효(孝)를 내세운 고전소설 『심청전』은 여러 장르에서 지속적으로 차용되었고, 광고만 해도 여러 편이 제작되었다. 예를 들어, 맥도날드의 광고 '효녀심청' 편(1999)에서는 단돈 500원밖에 없어 슬퍼하던 심청(한지민 분)이 맥도날드 프렌치프라이가 단돈 500원이라는 사실을 알고 아버지에게 사다 드렸고, 그 맛에 놀란 심 봉사가 눈을 떴다는 이야기를 만들어 냈다. 미국의 대표 브랜드 맥도날드를 한국적인 소재로 풀어내 글로벌 상품의 로컬화를 시도했다. 이 밖에도 『심청전』을 차용한 광고는 많다.

대우캐피탈의 내게론 광고 '심청이' 편(2007)에서는 공양미 삼백 석이 없어 바다에 몸을 던져야 하는 『심청전』의 구조를 그대로 차용했다([그림 5-6] 참조). 내게론(Naege-loan)은 대우캐피탈의 신용대출 상품이다. "심청이가 인당수에 빠질까 말까. 아이고~ 아버지!" 판소리의 한 소절로 광고가 시작된다.

[그림 5-6] 대우캐피탈 내게론 광고 '심청이' 편(2007)

중국 뱃사람들은 심청에게 머뭇거리지 말고 빨리 바다에 몸을 던지라고 손짓한다. 심청이 두려움에 떨며 인당수에 빠지려는 순간, "심청이에게 내게론이 있었다면 인생은 달라졌을 겁니다"라는 자막이 뜬다. 상황이 반전되며 한복 대신 비키니 차림에 오리발을 하고 바다에 뛰어들어 수영을 즐기는 현대판 심청이가 등장한다. 수영을 하고 나서 심청이 초호화 요트에서 선탠을 즐기는 장면으로 광고가 끝난다.

이 광고에서는 바다에 몸을 던지려 하는 심청의 모습까지는 흑백으로 표현하다가 내게론을 이용하면서부터 인생이 바뀌는 장면부터는 컬러로 처리했다. 나아가 "돈 이야기는 대우캐피탈 내게론에서 합시다"라는 슬로건을 써서 심청의 인생이 180도로 급반전되는 결말을 보여 주었다. 모두가 알고 있는『심청전』을 현대적으로 재해석하고 반전의 묘미를 불어넣자, 원작이 변형되어 새로운 텍스트성을 확보했다. 이 광고에서는『심청전』의 줄거리를 재구성하며 소비자들에게 독서의 경험을 떠올리게 했다.

고전소설에서 빼놓을 수 없는『흥부전』은 동양제과 튀김스낵 '도르리' 광고(1996)를 비롯한 여러 광고에서 단골 소재로 활용되었다. 하이마트의 컴퓨터 광고 '천하통일 흥부전' 편(2007)에서는 흥부가 형수에게 밥 달라고 해서 뺨 맞는 장면과 박 타는 장면을 그대로 차용했다([그림 5-7] 참조). 탤런트 정준호와 현영이 흥부와 놀부 처의 역할을 맡아 흥부 놀부 이야기를 재해석한 것이다.

"아이고 형님. 컴퓨터를 사야 하니 어디로 가오리까? 이 엄동설한에." 광고는 이런 노래로 시작된다. 많은 자식을 이끌고 흥부가 대문을 열고 들어오자, 놀부 처는 쓰고 있던 노트북을 감춘다. 밥이 아닌 컴퓨터를 달라며 흥부가 형님 댁으로 쳐들어온 것이다. 가까이 다가오자 놀부 처는 "예끼" 하며 커다란 주걱으로 흥부의 뺨을 때리며 "하이마트도 모르시오?" 하며 타박

[그림 5-7] 하이마트 컴퓨터 광고 '천하통일 흥부전' 편(2007)

한다. 곧이어 박을 타는 톱질에 맞춰 "컴퓨터 하이마트~ 컴퓨터 하이마트~"가 반복되고, "컴퓨터 살 땐 하이마트로 가요~"라는 징글(jingle)과 함께 광고가 끝난다. 이 광고에서는 〈흥부가 기가 막혀〉라는 노래를 개사해서 비주얼과 시엠송의 조화를 유도함으로써 소비자들은 구성지게 노래하며 『흥부전』을 읽는 듯한 색다른 경험을 할 수 있었다.

고전소설이 매력적인 광고 콘텐츠로 재탄생하는 과정은 흥미진진하다. 『토끼전』의 차용 양상은 한국야쿠르트 쿠퍼스의 광고 '토끼의 간1' 편(2005)에서 확인할 수 있다. "용왕이 거북에게 이르시되, 토끼를 빨리 잡아들이렸다~~아." 남해바다 용궁에 판소리 〈수궁가〉의 한 대목이 울려 퍼지며 광고가 시작된다. 용왕은 명약이라는 토끼의 간을 목 빠지게 기다리고, 얼마 후 용궁에 거북에게 붙잡혀 온 토끼가 등장한다. "어디 한번 보자."는 용왕(신구 분)의 말씀에 피로한 기색이 역력한 토끼(백윤식 분)는 "보나 마나입니다. 세상사에 지쳐 어디 성한 구석이 있겠습니까?"라고 대답한다. 크게 실망한 용왕은 "나보다 네가 더 걱정이다."라고 짜증내며 토끼를 돌려보낸다. 용왕은 거북이를 불러 건강한 토끼를 다시 잡아오라고 호통을 치며 광고가 끝난다.

이어지는 '토끼의 간2' 편(2005)에서는 참다못한 용왕이 몸소 뭍에 오르면서 벌어지는 일화를 흥미롭게 구성했다([그림 5-8] 참조). 용왕의 병을 고치려고 거북이가 토끼의 간을 구해 오는 설화를 현대적인 시각에서 리메이크한 것이다. 현대식 잠수함

[그림 5-8] 한국야쿠르트 쿠퍼스 광고 '토끼의 간2' 편(2005)

을 타고 뭍에 오른 용왕은 수많은 인파에 둘러싸여 기자회견을
한다. 토끼가 더 이상 필요 없느냐는 기자의 질문에 용왕은 "토
끼 끝이야, 쿠퍼스야."라고 대꾸하고, 건강 상태를 묻는 기자들
에게 "너나 걱정하세요~"라며 재치 있게 응답한다. 용궁에서
쿠퍼스를 마신 탓에 토끼의 간이 더 이상 필요 없게 되었다는
이야기 구성력이 뛰어나다. 수많은 엑스트라가 등장해 용왕을

환영하는 장면은 마치 절제된 블랙 코미디나 블록버스터 영화를 보는 것 같다.

광고와 고전소설의 상호텍스트성

이상에서 살펴보았듯이 『춘향전』, 『심청전』, 『흥부전』, 『토끼전』, 『그리스 로마 신화』를 차용한 광고들은 원작에서 모티브를 가져왔지만 브랜드의 특성에 알맞게 내용을 재구성했다. 이는 소비자들에게 원작의 서사 구조를 새롭게 읽고 해석하라는 권유나 마찬가지다. 독자는 증거를 분석해 텍스트를 해석하기도 하지만, 원작을 변용함으로써 새로운 읽기 텍스트를 창조하기도 한다. 포터 애벗(Porter Abbott)의 주장처럼 독자는 작품을 자기 방식으로 해석함으로써 자기만의 이야기를 만들어 내기 때문에(포터 애벗, 2010), 소비자들도 고전소설을 차용한 광고를 보며 자기 나름대로 이야기를 만들어 가며 광고 메시지를 해석한다.

인류의 정신적 유산인 고전소설은 예술사적 가치를 넘어 동시대의 감각과 호흡하면서 끊임없이 변화와 생성의 과정을 통해 작품의 가치를 키우고 확장시켜 왔다. 시대가 변해도 고전소설이 광고에서 차용되는 이유는 원작을 현대적인 시각에서 계속 각색하고 있기 때문이다. 이런 맥락에서 광고에서 차용한 고전소설은 고전을 읽지 않는 젊은이들에게 문화 전승의 전도사 역할을 하고 있다고 평가할 수 있다.

광고는 원작의 텍스트를 단순히 베끼지 않고 브랜드 자산에 어울리게 가치와 의미를 부여함으로써 재창작한다. 소비자들은 광고만 보지 않고 광고와 고전소설 사이를 오가는 상호텍스트성(intertextuality)을 유지하며 해석 행위를 하고 있는 셈이다. 텍스트 이론에 의하면, 독자가 어떤 텍스트를 자신에게 친숙한 텍스트와 연관시킬 때 비로소 그 텍스트가 독자에게 더 큰 의미를 띠게 된다고 한다(Martin, 2011). 그렇기 때문에 광고에서 차용한 고전소설은 원작의 친숙함에 얼마나 흥미롭게 연결되는지가 광고효과를 담보하는 전제 조건이 된다.

앞으로도 고전소설은 다양한 맥락에서 광고에 활용될 것이다. 그렇다면 고전소설을 광고에서 어떻게 차용할 것인가? 고전소설을 차용해 광고를 만들 때는 브랜드 자산을 소설의 구조와 내용에 알맞게 자연스럽게 녹여내는 완성의 솜씨가 중요하다. 고전소설의 소재를 마구잡이로 가져다 쓰기만 하면 곤란하다. 광고를 보는 소비자들이 광고와 고전소설 사이를 오가는 상호텍스트성을 유지하도록 인식의 교환 과정을 고려해서 아이디어를 창출하는 노력이 중요하다.

나아가 『춘향전』을 비롯한 일부 작품만을 광고 소재로 쓰기보다 새로운 고전소설을 차용하려고 시도해야 한다. 『홍길동전』과 『구운몽』은 물론 세익스피어의 4대 비극 같은 고전소설도 얼마든지 광고에 활용할 수 있다. 고전소설이 과거에만 머물러 있다면 그냥 옛 작품일 뿐이다. 하지만 현대적 감각으로 광고를 창작하면 고전소설을 오늘에 되살리는 소중한 과업이 된다. 할머니와 할아버지 때부터 내려오던 우리 모두의 이야기를 다시 되살리는 스토리 창작에 광고 창작자들이 더 많은 관심을 가져주기를 기대한다.

☑ 핵심 체크

광고와 고전소설은 시대를 초월하는 가치로 동시대와 교감한다. 광고에서 고전소설을 차용하는 주된 이유는 소설의 독서 경험을 활용하면 광고효과가 배가되기 때문이다. 고전소설은 오랫동안 전승되는 과정에서 이야기 구성력이 탄탄해졌다. 소설을 읽은 소비자의 독서 경험이 광고에 몰입하게 하는 동력으로 작용하는 셈이다. 소비자들은 광고만 보지 않고 광고와 고전소설 사이를 오가는 '상호텍스트성'을 유지하며 해석 행위를 한다. 따라서 일부 작품만을 광고 소재로 쓰기보다 새로운 고전소설을 차용하려고 시도해야 한다.

"소설은 사회와 시대의 거울이다"(소설가 스탕달). "광고는 시대의 거울이고 사회의 얼굴이다"(광고인 김태형). "신문은 우리 사회의 거울이다"(문재인 대통령 2019. 4. 4. 제63회 신문의 날 축사). 인용문에서 알 수 있듯이 시대의 사회상을 오롯이 담아낸다는 점에서 소설과 광고와 언론은 공통점이 많다. 시대와 사회라는 같은 공통분모 위에서 각각의 기능을 달리할 뿐이다.

그래서인지 광고 일을 하다 소설을 쓰는 분도 있고 언론인으로 시작했다가 소설가나 광고인으로 업을 바꾸는 경우도 있다. 광고회사 '오길비 앤 매더(Ogilvy & Mather)'에서 카피를 쓰다가 소설가로 이름을 떨친 살만 루슈디(Salman Rushdie)나 소설가로 명성을 날리면서도 광고용 글을 쓴 무라카미 하루키(村上

春樹)가 대표적이다. 광고와 현대소설은 이처럼 가까운 사이인데, 이 둘은 그동안 어떤 방식으로 만나왔을까?

현대소설을 차용한 광고

미국 시간으로 1984년 1월 22일, 시청자의 시선이 프로풋볼리그(NFL) 결승전인 슈퍼볼 중계방송에 쏠려 있던 와중에 애플 매킨토시의 탄생을 알리는 광고 '1984년' 편이 방송되었다. 사람들이 대형 스크린을 멍하니 응시하고 있는데 빅브라더(big brother)가 화면을 가득 채우며 열변을 토한다. "획일화된 사상은 지구상의 어떤 군대나 함대보다도 강력한 무기다. 우리의 적은 다양한 견해처럼 쪼개질 것이다. 우리는 승리할 것이다." 이때 갑자기 금발 머리 여성이 손에 해머를 들고 강당으로 뛰어와 해머를 뱅뱅 돌리더니 스크린을 산산이 부숴 버리는 순간, 이런 카피가 흘러나온다. "1월 24일, 애플 컴퓨터가 매킨토시를 소개합니다. 당신은 1984년이 왜 '1984년'과 같지 않은지 알게 될 것입니다."

이 광고는 조지 오웰(George Orwell)의 소설 『1984년』의 플롯을 그대로 재현했다([그림 6-1] 참조). 빅브라더의 음산한 음성, 독재자의 지배를 받는 사람들, 커다란 해머로 화면 속의 빅브라더를 부숴 버리는 장면에 이르기까지, 이 광고에서는 당

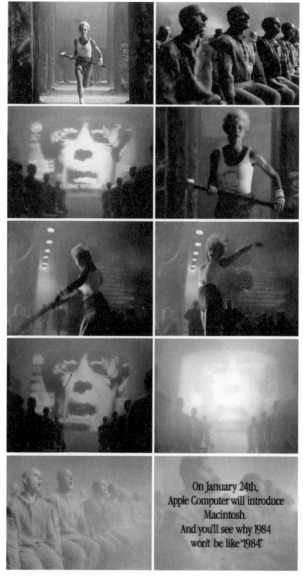

[그림 6-1] 애플 매킨토시 론칭 광고 '1984년' 편(1984)

시의 IBM PC를 빅브라더로 묘사하며 소설을 차용했다. 소설 『1984년』은 전제주의 체제에 저항하는 개인이 어떻게 파멸해 가는지 생생히 묘사한 디스토피아 소설이다. 이날 LA 레이더스는 최초로 슈퍼볼의 승자가 되었지만, 사람들은 애플과 스티브 잡스를 더 기억했다. 광고가 나간 다음날 매킨토시를 사려고 20만 명이 몰려들었고 제품 공개 6시간 만에 350만 달러(약 42억 원)어치가 팔려 나갔다. 이 광고는 1999년에 '20세기 최고의 TV 광고'로 선정되기도 했다(김병희, 2018).

그로부터 27년이 지난 2011년, 미국 슈퍼볼 경기장에는 모토로라 줌(XOOM)의 광고 '1984년' 편이 재등장했다. 이 광고에서는 애플의 1984년 광고를 역이용했다. 1984년에 애플사는 IBM을 빅브라더로 묘사했지만, 모토로라 광고에서는 흰 옷에 흰색 이어폰을 낀 사람들을 애플로 상징하며 애플사를 새로운 빅브라더로 비유했다(이수희, 2011). 모토로라 광고에서는 1984년에 제작된 애플 광고를 패러디하며 소설 『1984년』의 플롯을 차용했다. 이처럼 조지 오웰의 소설은 동시대의 대표적인 브랜드 광고에 차용되며 현대소설의 광고화 가능성을 보여 주었다.

LG유플러스 카카오프렌즈 키즈워치의 광고 '첫사랑이 찾아오다' 편(2018)은 아예 〈소나기〉라는 제목을 달았다([그림 6-2] 참조). 아역배우 김아송과 고경민이 첫사랑의 심리를 감동적으로 연기한 이 광고는 소년과 소녀가 느끼는 첫사랑의 감정을 서정적인 필치로 표현한 황순원의 단편소설 『소나기』를 차용했다. 소설의 플롯을 있는 그대로 재현하기 위해 광고 창작자들이 얼마나 공을 들였는지 카피를 읽어 가며 확인해 보자.

(장면1)

여2) 애, 좀 비켜 줄 수 있겠니?

남1) 아! 쟤, 걔 아니야? 서울에서 온 윤 씨 할아버지네 손녀딸 맞지?

여1) 서울깍쟁이가 뭐가 좋다고! 그치 기용아?

남1) 아이 서울 유~

(장면2)

여2) 와~ 이 꽃 참 곱다.

남2) 이름이 수국인데.

여2) 수국?

남2) 이 꽃은 말이야.

여2) 동아시아 원산의 갈잎떨기나무로 '분단화'라고도 해~ 어머, 이건 뭐니?

남2) 어, 만지면 안 돼! 그건 광대버섯이라고 하는.

여2) (말을 끊으며) 광대버섯? 독버섯이구나 ······중략······

남2) 잠깐만······ 어! 요건 '꽃기린'이라는 건데.

여2) 마다가스카르를 원산지로 하는~

남2) 도토리라고 하는······

여2) 묵 쑤어 먹으면 맛있지.

남2) 매발톱.

여2) 발톱 모양. 우리 이제 그만 돌아가자. 비가 올 것 같아.

남2) 에이~ 말도 안 되는 소리 하지 마. 음~ 이렇게 바람 하나도 없는데 무슨 비가 와? 어! 갑자기 왜 비가⋯⋯.

여2) 빨리 안 들어오고 뭐해?

남2) 너는 꽃 이름도 그렇고, 어찌 그리 모르는 게 없냐?

여2) 이 바보! 얼른 들어와 봐. 자, 봐봐. (키즈워치를 들며) 광대버섯이 뭐야?

남2) 이게 뭐야?

엄마) (키즈워치에서 통화음이 들리며) 어딘데 안 받았어? 엄마가 꼭 이렇게 연결하게 할 거야?

여2) 엄마 미안, 빗소리에 안 들려서 못 받았어.

남3) 아송아, 가자. 어머님 걱정하셔.

여2) 안녕~ 재미있었어!

남2) 으아~

내레이션) 여덟 살, 호기심이 앞설 나이. 아이에겐 놀이, 엄마에겐 안심. 카카오프렌즈 키즈워치. 오직 유플러스에서만. 엘지 유플러스.

　광고에서는 원작 소설에 있는 소재나 분위기를 그대로 되살려 냈다. 호두, 대추, 조약돌 같은 소재는 분홍 스웨터를 입은 소녀와 얼굴이 붉어지는 소년의 심리를 묘사하는 데 적절히 활용되었다.

[그림 6-2] LG유플러스 키즈워치 광고 '첫사랑이 찾아오다' 편(2018)

현대소설을 차용한 광고

롯데리아 크랩버거 광고 '니들이 게 맛을 알아?' 편(2002)은 헤밍웨이의 소설 『노인과 바다』를 차용했다([그림 6-3] 참조). 작은 배를 타고 나가 큰 게를 잡아서 돌아오는 노인을 바라보며 큰 배에 있던 선원들이 침을 흘리면서 흠칫 놀란다. 그들을

[그림 6-3] 롯데리아 크랩버거 광고 '니들이 게 맛을 알아?' 편(2002)

바라보던 노인은 어이없다는 듯 배시시 웃으며 일갈한다. "니들이 게 맛을 알아?" 원로배우 신구의 능청스럽고도 능숙한 연기력을 바탕으로 유머 코드가 완성되었다. "니들이 게 맛을 알아?"라는 카피는 당시에 여러 가지 형태로 변주되며 유행어가 되었다.

혼자서 배를 타고 망망대해로 나간 노인의 낚싯바늘에 거대한 청새치가 걸려들자 노인은 자기 배보다 더 큰 고기와 혈투를 벌인 끝에 항구로 돌아오지만, 상어 떼에게 뜯어 먹혀 결국 앙상한 물고기 뼈와 대가리만 남았다는 게 원작 소설의 주요 내용이었다. 광고에서는 소설의 핵심 장면을 그대로 재구성했다. 광고에서는 선원들을 마치 상어 떼처럼 맛도 모르면서 게에게 몰려드는 젊은이로 묘사했다. 소설의 주요 내용과 주제를 자연스럽게 연상할 수 있게 하려고 광고 메시지를 그렇게 구성한 것이다.

광고를 차용한 현대소설

광고에서 소설을 차용하기도 하지만, 소설가도 광고의 내용을 차용해 소설을 쓰거나 특정 브랜드를 위해 카피 같은 광고 글을 쓰기도 한다. 일본 작가 무라카미 하루키(村上春樹)의 『밤의 거미원숭이(夜のくもざる)』(新潮社, 1998)는 광고용으로

쓴 36편의 글을 모은 초단편(超短篇) 소설집이다(Contenta M, 2016). 우리나라에는 2003년에 번역 출판되었다.

미국의 패션 브랜드 제이프레스(J.Press)를 1974년에 일본에 들여온 온워드(Onward, オンワード)라는 패션회사는 하루키에게 잡지에 실을 광고용 단편을 의뢰했다. 온워드는 작가에게 브랜드나 패션 스타일에 대해서 쓰라고 요구하지 않고 마음껏 자유롭게 쓰라고 했다. '호텔 로비 카키(굴)(ホテルのロビー牡蠣)'(1985. 4.)를 필두로 '무시쿠보 노인의 습격(虫窪老人の襲撃)'(1987. 2.)에 이르기까지 하루키는 매월 초단편 소설을 썼고, 글의 구석에 브랜드 로고만 넣었다. '파티(THE PARTY)'(1985. 5.), '코끼리(象)'(1985. 6.), '훌리오 이글레시아스(フリオ・イグレシアス)'(1985. 12.; [그림 6-4] 참조), '타임머신(タイム・マシーン)'(1986. 1.), '신문(新聞)'(1986. 5.), '장어(うなぎ)'(1986. 9.), '다카야마 노리코상과 나의 성욕(高山典子さんと僕の性欲)'(1986. 10.), '도넛, 다시(ドーナツ 再び)'(1987. 1.) 등이 온워드를 위해 쓴 광고 글이다.

만년필로 유명한 파커(Parker, パーカー)는 1993년에 하루키에게 24편의 단편을 의뢰했다. '밤의 거미원숭이(夜のくもざる)'(1993. 4.)에서부터 '마지막 이야기(最後の挨拶)'(1995. 3.)에 이르기까지 월간지『타이요(太陽)』에 실렸다. '아주 오래전 고쿠분지[11]에 있었던 재즈 카페를 위한 광고(ずっと昔に国分寺にあったジャズ喫茶のための広告)'(1993. 5.), '방콕 서프라이즈(バン

コック・サプライズ)'(1993. 7.), '속담(ことわざ)'(1993. 9.), '새빨
간 고추(真っ赤な芥子)'(1994. 1.), '능률 좋은 죽마(能率のいい竹
馬)'(1994. 10.; [그림 6-5] 참조), '세찬 비가 내리려 한다(激しい
雨が降ろうとしている)'(1994. 12.), '사랑 없는 세상(愛なき世界)'
(1995. 1.), '한밤중의 기적에 대하여, 혹은 이야기의 효용에 대
하여(夜中の汽笛について あるいは物語の効用について)'(1995.
2.) 등이 파커를 위해 쓴 광고 글이다.

온워드와 파커 브랜드를 위해 쓴 초단편 소설들은 기묘한 상
상을 불러일으키는 초현실주의적인 내용이었다. 특별한 철학
이나 교훈은 없었지만 때로는 유쾌하고 때로는 허무한 내용이
었다. 하루키가 『밤의 거미원숭이』의 후기에서 밝혔듯이([그림
6-6] 참조), 그가 광고용 초단편 소설 쓰기를 즐거워했을지라도
그의 광고 글이 광고효과에 얼마나 영향을 미쳤는지는 알 수
없다. 하지만 특유의 감각적인 문체나 기발한 상상력이 브랜드
이미지를 제고하는 데 긍정적으로 기여했으리라고 추정할 수
는 있다.

---

1) 고쿠분지(国分寺)는 일본의 나라(奈良) 시대에 국가의 평안을 기원하기 위하여 여
   러 지방에 세운 절을 통칭하는 이름이다.

[그림 6-4] 하루키의 광고 글 '훌리오 이글레시아스'(제이프레스, 1985)

[그림 6-5] 하루키의 광고 글 '능률 좋은 죽마'(파커, 1994)

[그림 6-6] 하루키의 『밤의 거미원숭이』 표지(2003)

키리야마 나루토(桐山なると)의 『크로스 로드(クロスロード): in their cases』(2014)는 신카이 마코토(新海誠) 감독이 제작한 학습지 Z-카이의 광고 '크로스 로드' 편을 소설로 2차 창작한 것이다([그림 6-7] 참조). 광고는 TV용 15초와 30초, 유튜브용 120초라는 세 가지 버전으로 편집되었다. 우리나라에는 2016년에 번역 출판되었다. 두루 알다시피 신카이 마코토 감독은 〈너의 이름은〉, 〈별의 목소리〉, 〈언어의 정원〉, 〈초속 5센티미터〉라는 애니메이션 영화로 대중적 인기를 얻은 일본의 애니메이션 감독 겸 제작자다. 그는 현실의 풍경을 정교하게 재현하는 서정적인 줄거리를 흥미롭게 풀어 나갔다.

광고에서는 간명한 메시지만 전달했지만 소설에서는 풍부

[그림 6-7] 키리야마 나루토의 『크로스 로드』 표지(2016)

한 이야기를 전달했다. 광고와 소설에는 진로를 결정하지 못하고 고민하는 섬마을 여고생 미호와 어머니와 함께 살면서도 이혼한 아버지를 그리워하는 야구 소년 쇼타가 등장한다. 소설의 핵심 주제는 지방에 사는 여학생과 도시에서 아르바이트를 하며 대학 입시를 준비하는 남학생이 통신 교육을 받으며 꿈을 키워 간다는 내용이다. 일본에서 시작되어 한국에서도 인기를 끈 소설 장르인 엔티노벨(NT Novel) 방식으로 집필되었다. 철저히 광고에 의탁함으로써 훌륭한 성장 소설을 완성한 사례다.

소설가 최재경의 소설집 『숨쉬는 새우깡』(2001)도 새우깡 광고에 빚을 지고 있다([그림 6-8] 참조). "손이 가요 손이 가~ / 새우깡에 손이 가~ / 아이 손 어른 손~ / 자꾸만 손이 가~ 언제든지 새우깡 농심 새우깡."

[그림 6-8] 최재경의 소설집 『숨쉬는 새우깡』 표지(2001)

이 카피는 1984년의 첫 광고에서 쓰인 이후 35년 이상 지속되고 있다. 8편의 소설을 묶은 소설집의 표제작인 『숨쉬는 새우깡』에서는 새우깡을 개발하다가 교통사고로 죽은 남자의 영혼이 여성 화자인 영지의 몸에 담겨 생전의 기억을 회복해 가는 과정을 보여 준다. 새우깡을 먹으며 자라온 세대가 느끼는 1990년대의 풍경을 섬세하게 묘사한 소설이다.

"새우깡이 젊은 세대와 구세대 모두에게 인기를 누려온 것은 튀지 않는 맛과 바삭한 질감을 계속 유지하면서…… 그 욕구를 새우깡이 만족시켜 준 것이다." 소설에 등장한 이 구절에서 광고의 영향력을 확인할 수 있다. 작가는 이 소설에서 속도감 있는 구성과 재기 발랄한 문체로 과거와 현재의 세태를 비교했다. 때로는 급박했던 정치 상황마저도 유머러스하게 전복시켰다. 이를 가능하게 만든 원천이 국민 스낵이란 별명을 얻은 새우깡 브랜드이자 새우깡 광고였다.

부가 가치를 창출하는 스토리텔링

광고는 서사문학적 측면이 내재하는 장르다. 광고가 서사문학적 측면을 갖는 이유는 광고에 이야기가 담겨 있기 때문이다(윤태일, 2017). 서사(敍事, narrative)란 이야기의 구조나 전달 방식을 말하는데, 대중적으로 널리 쓰이는 스토리텔링은 서사와 같은 뜻이다. 광고와 현대소설의 접점은 애드버스토리(advertising+story=advenstory)나 이야기하기(storytelling)로 집약된다. 이야기하는 사람을 뜻하는 '호모나렌스(homonarrance)'란 말도 한때의 유행어를 넘어 보편적인 단어가 되었다.

광고와 현대소설을 접목하면 다양한 부가 가치를 창출할 것이다. 광고 텍스트에 담긴 소비문화와 광고의 스토리텔링 구조를 알아보는 '서사분석'은 광고 연구의 새로운 분야로 떠올랐다(Stern, 1991). 광고에서 현대소설을 차용하거나 현대소설에서 광고를 차용하면 문화 콘텐츠 영역을 보다 풍요롭게 만들 것이다. 하나의 원작에서 다른 장르로 재창작되는 '일원다용(one source multi use)' 전략은 문화 콘텐츠 산업의 지향점이다. 이는 원작에서 그치지 않고 다양한 부가 가치를 만들어 가는 콘텐츠의 확산을 의미한다.

이 밖에도 광고와 현대소설이 만나면 광고효과나 독서효과 측면에서도 기대 이상의 성과를 얻을 수 있다. 소설의 한 장면이 광고에 재현되거나 광고의 한 장면이 소설의 줄거리로 편입되면 사람들은 더 재미를 느낀다. 소설과 광고가 서로에게 영향을 미쳐 새로운 창작물을 생산한다면 '사회와 시대의 거울' 역할을 더 충실히 수행할 것이다. 광고와 현대소설 또는 현대소설과 광고가 만나 앞으로 문화 콘텐츠의 토양을 더욱 비옥하게 만들어 가기를 기대한다.

> **✓ 핵심 체크**
>
> 광고와 현대소설의 만남은 스토리텔링으로 재탄생한 사회와 시대의 거울이다. 시대의 사회상을 오롯이 담아낸다는 점에서 광고와 현대소설은 공통점이 많다. 시대와 사회라는 같은 공통분모 위에서 각각의 기능을 달리할 뿐이다. 광고는 서사문학적 측면이 내재하는 장르다. 광고가 서사문학적 측면을 갖는 이유는 광고에 이야기가 담겨 있기 때문이다. 광고에서 현대소설을 차용하거나 현대소설에서 광고를 차용하면 문화 콘텐츠 영역을 보다 풍요롭게 만들 것이다. 광고와 현대소설이 만나면 광고효과나 독서효과 측면에서도 기대 이상의 성과를 얻을 수 있다.

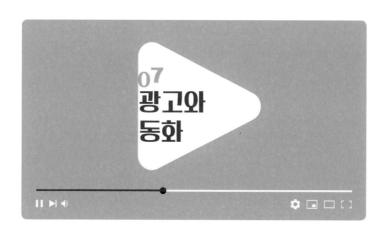

광고에서 동화의 소재를 활용하는 사례가 국내외를 막론하고 계속 늘고 있다. 동심을 자극하는 동화는 현실과 환상이 섞여 있어 어린이의 정서적, 언어적, 예술적 자질을 키워 주는 문학작품이다. 동화를 읽으며 성장한 어린이의 독서 체험은 어린이의 사회화 과정이나 인격 형성에 상당한 영향을 미치는 것으로 알려져 있다. 동화는 광고에서도 다양한 맥락에서 두루 활용되어 왔다.

동화를 활용한 광고는 원작과의 차별성이나 관계를 통해 메시지를 전달한다. 원작 동화(fairy tale)를 바탕으로 재창작된 광고는 세 가지 방식으로 주제를 의미화한다. 인물의 성격을 변화시키는 경우, 시간과 공간적 배경을 변화시키는 경우, 그리고 서사를 바꿔 새롭게 변개(變改)하는 경우가 있다(주지영, 2015). 각각 인물의 성격 변화, 시공간 변화, 그리고 서사의 변개에 따라 의미화 전략을 시도하는 것이다. 동화와 광고 내용의 유사성과 차별성에 따라 광고의 의미망(意味網)도 달라진다. 광고와 동화의 관련 양상을 보다 구체적으로 살펴보자.

인물의 성격 변화에 따른 의미화

원작 동화에 등장하는 인물의 성격을 광고 메시지에 알맞게 의미를 바꿀 수 있다. 원작의 내용을 그대로 쓰지 않고 줄거리를 바꾸거나 다른 요소를 추가해 광고 메시지로 의미를 환원하는 경우다. GS칼텍스의 광고 '마음이음 동화' 편(2019)에서는 『신데렐라』, 『콩쥐팥쥐』, 『장화홍련』에 등장하는 악인의 성격을 바꿔 버렸다([그림 7-1] 참조). 편견을 바꾸면 세상을 바꿀 수 있다는 GS칼텍스의 기업 철학을 환기하기 위한 광고였다. 동화에서 계모가 늘 부정적으로 묘사되는 것도 편견이라는 점에 착안해, 현실에서의 계모 이야기를 담은 영상을 제작해 아이들에게 보여 주고 인식의 변화를 광고 영상으로 표현했다. 광고의 흐름을 카피로 정리하면 다음과 같다.

"넌 여기 남아서 청소나 해!"(신데렐라)

"콩쥐 넌 항아리에 물이나 채워!"(콩쥐팥쥐)

"이 집에서 썩 나가지 못해?!"(장화홍련)

"당신이 떠올린 계모도 같은 모습이었나요?"

아이들) "화내고 막 때리고 그래요. 청소하고 빨래하라구요. 구박도
하고 얄미워요. 계모요? 나빠요."

계모1) "안녕하세요. 저는 사춘기 아이 둘을 키우고 있는 계모 김효
진이라고 합니다."

계모2) "안녕하세요. 열여섯 살 새 아이를 키우고 있습니다."

내레이션) "아직도 동화에서는 나쁜 계모이고 나쁜 새엄마라는 인식
들이 있어서 그걸 또 아이들이 계속 이어서 볼 거를 생각하면 좋지
않죠. 대한민국 열 가정 중 두 가정은 재혼 가정. 계모, 계부로 살아가
는 분들이 늘어나고 있습니다. 그래서 우리가 알던 전래동화 옆에 새
로운 동화를 두고 싶었습니다. 마음이음 동화. 같은 세상을 살고 있
는 진짜 계모의 이야기로 말이죠." ……(중략)…… "아이들의 동화 속
계모 이야기도 있지만, 아이들이 사는 세상 속 계모 계부의 이야기를
들려드리고 싶었습니다."

아이들) "원래는 계모를 나쁘게 생각했는데 이제는 이쁘게 생각했어
요." "다희 책 속에서 보니까 착한 계모도 있는 것 같아요." "서윤이네
엄마랑 우리 엄마랑 닮았어요." "콩쥐팥쥐 엄마는 이빨을 으-이렇게

하는 것처럼 하는 거예요. 다희네 엄마는 이가 나와 가지고 이렇게 인사하는 거예요."

내레이션) "이을 계(繼), 어미 모(母). 엄마를 잇는 엄마. 그 어디에도 나쁘다는 뜻은 없습니다. 편견 없는 생각이 세상을 바꿀 수 있습니다. 세상을 바꾸는 에너지. 이미 우리 안에 있습니다. I am your Energy, GS칼텍스."

이 광고는 어른을 위한 동화이자 계모에 대한 편견을 바꾸자는 사회 캠페인이다. 동화에서 부정적으로 묘사되어 온 계모 이미지가 아이들에게 고정관념으로 굳어지는 문제에 주목해 계모들의 사례를 적극적으로 소개했다. 실제 계모가 등장해 새로운 동화에 대해 설명하고 녹음하는 장면을 제시함으로써 그 어디에도 나쁘다는 뜻이 없는 '엄마를 잇는 엄마'로 인식 변화를 촉구했다. 원작 동화에 등장하는 계모의 부정적 이미지를 현실 계모의 긍정적 특성으로 각색했다. 재혼 가정이 늘어나는 우리 사회에 계모와 계부에 대해 깊이 숙고해 보자는 사회적 의제를 설정했다는 평가를 받은 이 광고는 2019년 대한민국광고대상에서 디지털 부문의 금상을 수상했다.

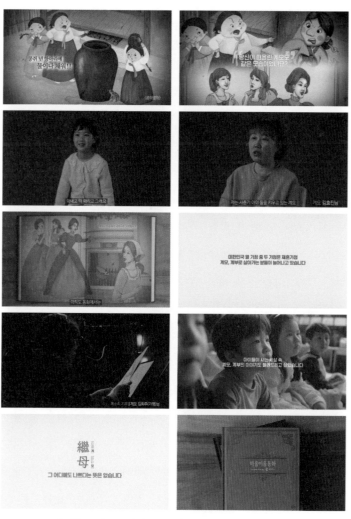

[그림 7-1] GS칼텍스 광고 '마음이음 동화' 편(2019)

시공간 변화에 따른 의미화

국내외를 막론하고 원작 동화의 시간적 배경이나 공간적 배경을 변화시켜 광고 메시지를 재창작하는 사례도 많다(Odber & Anne, 1997). 원작의 줄거리에서 시공간을 바꿔 광고 메시지에 새로운 의미를 부여하는 경우다. 삼성전자의 넥서스S 광고 '인어공주' 편(2011)에서는 원작 동화의 시공간적 배경을 바꿔 넥서스S의 특성을 부각시켰다([그림 7-2] 참조). 광고가 시작되면 해변으로 떠밀려 온 남자가 보인다. 옷차림을 보니 귀하신 몸이다. 여자가 다가와 아는 체하자 의식을 회복한 남자는 말한다. "아, 저를 구해 주신 분이 혹시 그대?" 그러자 바위 틈에 숨어 있던 인어공주는 안타까워하며 혼잣말을 한다. "왕자님을 위해서라면……" 왕자가 다시 여자의 부축을 받으며 "아, 저를 구해 주신 분이 혹시?" 하고 묻자, 인어공주가 몸을 내밀며 "아뇨, 제가 구해드렸어요." 하며 자신의 존재감을 알린다. 왕자는 바위에 걸터앉은 인어공주에게 다가가 몸을 위아래로 훑어보며 "아, 라인이 훌륭하구려." 하며 뜻밖의 말을 뱉는다. 브랜드의 특성을 강조한 말이다. 그 순간 "세계 유일의 Curved Glass Design"이라는 자막에 이어 셋이서 스마트폰을 잡아당기는 장면이 나오며 광고가 끝난다.

이어지는 '백설공주' 편에서는 동화 『백설공주』의 핵심 내용

[그림 7-2] 삼성전자 넥서스S 광고 '인어공주' 편(2011)

을 그대로 가져왔다([그림 7-3] 참조). 광고가 시작되면 검은 옷
을 입은 여자가 "거울아, 거울아! 세상에서 누가 가장 예쁘니?"
하고 묻자, 거울에 '상식'이라는 자막이 뜨고 "그건 백설공주입
니다."라고 대답한다. 다시 거울 앞에 서서 "거울아, 거울아! 세
상에서 누가 가장 예쁘니?" 하고 묻지만 대답은 똑같다. "그건
백설공주입니다. 사과를 싫어하고, 집은 여기, 취미는 쇼핑, 남
자관계가 좀 복잡한데."라고 대답하는 순간 "상식 밖의 서비스"
라는 자막과 함께 스마트폰에서 온갖 앱(app)이 쏟아지자 여자

시공간 변화에 따른 의미화

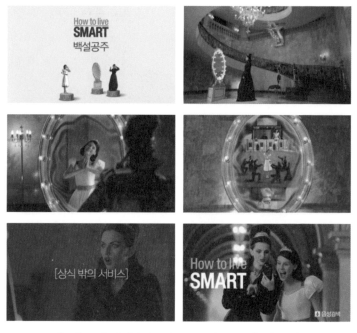

[그림 7-3] 삼성전자 넥서스S 광고 '백설공주' 편(2011)

는 눈이 휘둥그레지며 깜짝 놀란다. "구글의 모든 서비스를 자
유자재로! 당신의 능력이 올라간다. 구글의 서비스를 만나는
가장 스마트한 방법. 넥서스S"라는 자막에 이어 "How to live
smart"라는 내레이션이 나오며 광고가 끝난다.

　원작 동화 세 편의 시공간적 배경을 바꾸자 넥서스S의 특성
이 자연스럽게 부각되었다. 인어공주의 유선형 몸매에 넥서스
의 디자인을 빗대 훌륭한 라인을 강조했고, 백설공주의 모든
것을 알고 있는 거울에 빗대 놀라운 서비스를 강조했고, 마지

막은 동화『사슴과 사냥꾼』의 줄거리를 차용해 남자가 미녀 사냥꾼에게 반해 그녀에게 질문도 받기 전에 사슴의 위치를 먼저 알려 주고 급속히 사랑에 빠져 버린다는 이야기를 통해 '상식 밖의 속도'를 강조했다. '백설공주' 편에서는 사과를 싫어한다고 말함으로써 사과가 상징인 애플사를 은근히 겨냥하기도 했다. 동화의 줄거리를 거의 그대로 차용해 스마트폰의 음성검색 메시지로 전용했다. 제품은 삼성에서 만들었어도 음성인식 검색을 비롯해 구글의 모든 서비스를 자유자재로 활용할 수 있다는 점을 환기했다.

미국의 대표적 온라인 보험회사인 가이코(GEICO)의 광고 '피터 팬' 편(2016)은 동화『피터 팬(Peter Pan)』의 내용을 그대로 재현했다([그림 7-4] 참조). 희곡에서 1928년에 동화로 재탄생한 피터 팬은 하늘을 날아다니며 나이를 먹어도 늙지 않고 자라지도 않는 장난꾸러기 소년이다. 어른들이 모여 있는 파티장에 피터 팬이 공중에서 날아와 어른에게 말을 거는 장면으로 광고가 시작된다. 개구쟁이에 짓궂은 피터 팬의 모습은 어른스럽기도 하고 어리석어 보이기도 한다.

어른에게 "핍!" "이봐, 잘 지냈어?" 하자, 어른들이 "피터, 안녕." 하고 대답한다. 다시, "조앤, 너 맞아?" "응, 나야." "너, 일흔 살도 안 돼 보여! 그렇지 않니?" 이런 식의 대화가 지속되고 본격적인 광고 메시지가 내레이션으로 흐른다. "가이코는 당신의 피터 팬입니다. 당신은 평생 젊게 사세요. 그게 당연하니까요.

[그림 7-4] 가이코 광고 '피터 팬' 편(2016)

07 광고와 동화

자동차 보험료를 15% 이상 절약하고 싶다면 가이코로 바꾸세요. 그게 당신의 일입니다." 나이를 먹어도 늙지 않는 피터 팬이라는 상징을 고객이 평생 젊게 살도록 보살피겠다는 가이코의 의지로 환원하여 표현했다.

서사의 변개에 따른 의미화

원작 동화의 줄거리(서사)를 광고에서 전혀 다르게 바꿔 새롭게 변개(變改)하기도 한다. 원작 동화의 얼개나 흔적은 남기고 줄거리를 새로 구성하거나 다른 미디어 테스트에 알맞게 변경함으로써 광고 메시지로 활용하는 경우이다. 유니레버의 샴푸 브랜드 해이즐라인(HAZELINE)이 중국에서 집행했던 '라푼젤' 편(2013)에서는 동화 『라푼젤』의 얼개는 남기고 광고 메시지에 알맞게 내용을 변경했다([그림 7-5] 참조). 머릿결이 좋아지는 샴푸와 모발을 튼튼하게 하는 린스를 강조하기 위해 원작 동화의 얼개를 바꾼 것이다.

[그림 7-5]에서 지면 왼쪽은 해이즐라인 린스를 사용한 공주의 모발이 튼튼해 왕자가 머리채를 잡고 성으로 올라온다는 뜻이고, 지면 오른쪽은 해이즐라인 샴푸를 사용한 공주의 머릿결이 너무 부드러워 왕자가 올라가지 못하고 미끄러진다는 뜻이다. 라푼젤의 머리채를 잡고 올라가는 왕자를 통해 샴푸와 린

[그림 7-5] 해이즐라인 광고 '라푼젤' 편(2013)

스의 특성을 흥미롭게 표현했다.

도요타자동차 C-HR 광고 '라푼젤' 편(2017)에서도 도망치던 여주인공이 긴 머리를 이용해 건물에서 탈출해 자동차에 올라 탄다고 설정했다. 왕자를 만나 해피엔드로 끝난 원작 동화와 달리 여주인공 스스로가 자동차를 타고 미래를 개척하는 모습을 그려 냈다.

SK브로드밴드의 '살아있는 동화' 편(2019)은 원작 동화를 텔레비전 환경에 알맞게 변환시켜 성우가 동화를 읽어 주고 움직이는 삽화도 제공한다는 내용을 알렸다([그림 7-6] 참조).

광고가 시작되면 "헤이 브로, 뭐해?" 하고 묻자, 배우 김병철이 "온 가족이 모여 앉아 역할놀이 중. 딸은 토끼, 엄만 요정, 아

[그림 7-6] SK브로드밴드 광고 '살아있는 동화' 편(2019)

서사의 변개에 따른 의미화

빠 뭐할까~?" 하고 노래로 대답한다. 모르는 사람이 없을 정도로 유명한 포스터의 〈오! 수재너(Oh! Susanna)〉(1846)라는 익숙한 곡조에 가사만 바꿨다. 모두가 "오, 마, 이, 갓!" 하고 합창하는 가운데 아빠는 "내가 공주님……" 하며 너스레를 떨자, 모두들 "어쨌거나 행복하게 살았답니다." 하며 반응한다. "온 가족이 주인공이 되는 살아 있는 동화"라는 내레이션이 흐르고, 김병철이 "이모티콘, 스티커까지 딱!" 하며 강조하자 광고가 끝난다.

SK브로드밴드 '헤이, 브로' 캠페인의 네 번째 시리즈인 이 광고에서는 아이 스스로 역할놀이를 해 보게 하는 B tv의 살아 있는 동화 서비스를 흥미롭게 설명했다. 김병철, 이정은, 장광, 헨리, 허영지 등 조연급 배우들이 호흡을 맞춰 소비자들의 다양한 라이프스타일을 대변하며 광고 메시지의 시너지 효과를 높였다. 전용 앱을 써서 소비자의 얼굴을 촬영하면 자기 얼굴이 삽화로 나오는 5~10분가량의 동화책이 된다는 내용을 가족 역할극으로 구현했으니, 원작의 줄거리가 미디어의 특성에 알맞게 변경되어 소비자에게 새로운 경험을 제공하는 텍스트로 다시 태어난 셈이다.

광고와 동화의 행복

일찍이 소파 방정환 선생은 어린이들이 쉽게 잘 알 수 있고

어린이에게 유열(愉悅, 즐거움)을 주는 것이 동화의 구성 요건
이라고 했다(방정환, 1925). 어린이에게 기쁨을 주는 것이 동화
의 생명이라는 뜻이다. 쉽고 재미있는 동화의 소재는 그동안
여러 분야에서 두루 활용되어 왔다. 소비자를 위한 교육 프로
그램을 개발할 때는 물론(김정훈, 2018), 미국경제교육협의회에
서 어린이를 대상으로 경제 교육을 할 때도 동화의 소재가 자
주 활용되었다(할란 알 데이 외, 2013). 광고 분야에서도 직접적
인 판매 메시지에 비해 스토리텔링이 중요하기 때문에 동화를
활용하는 사례가 계속 늘고 있다.

광고에서 원작 동화의 인물 성격을 변화시키든 시공간적 배
경을 변화시키든 서사를 바꿔 새롭게 변개(變改)하든, 원작 동
화가 이야기로서의 경쟁력이 있기 때문에 다양한 형식으로 재
창작된다. 일찍이 롤프 옌센(Rolf Jensen)은 현대 사회를 꿈과
감성을 파는 '꿈의 사회'라고 명명하고 스토리텔링을 현대 사회
의 핵심 경쟁력으로 부각시켰다(롤프 옌센, 2000). 이야기 구조
가 탄탄한 광고가 생명력이 강하다는 점에서 오랜 역사를 지닌
동화를 광고에 활용하면 공감대를 쉽게 확산할 수 있다. 모두
가 아는 줄거리를 비틀어 브랜드 스토리로 재창작하면 무한한
꿈의 세계가 펼쳐지기 때문이다.

그렇지만 원작의 계몽적인 주제를 단순 재생산하면 소비자
의 공감을 얻는 데 실패할 가능성이 크다. 원작과의 동등성과
차별성 사이에서 광고의 의제 설정을 해야 한다. 원작의 내용

을 이미 알고 있는 소비자들에게 예측 가능한 내용을 뒤집어버리는 반전의 장치가 있어야 새로운 이야기 구조가 성립된다. 따라서 원작 동화의 내용을 재해석해 브랜드 스토리로 발전시키는 광고 창작자들의 솜씨가 중요할 수밖에 없다. 동화와 광고가 만났을 때 익숙한 이야기를 생경하게 하는 '낯설게하기(differentiation)' 기법이 중요한 까닭도 이 때문이다.

✔ 핵심 체크

오랜 역사를 지닌 동화를 광고에 활용하면 공감대를 쉽게 확산할 수 있다. 모두가 아는 줄거리를 비틀어 브랜드 스토리로 재창작하면 무한한 꿈의 세계가 펼쳐지기 때문이다. 원작 동화를 바탕으로 재창작된 광고는 세 가지 방식으로 주제를 의미화한다. 인물의 성격을 변화시키는 경우, 시간과 공간적 배경을 변화시키는 경우, 서사를 바꿔 새롭게 변개(變改)하는 경우가 그것이다. 어떤 경우든 원작의 계몽적인 주제를 단순 재생산하면 소비자의 공감을 얻는 데 실패할 가능성이 크다. 따라서 원작과의 동등성과 차별성 사이에서 광고의 의제 설정을 시도해야 한다.

광고가 예술을 만났을 때
아트버타이징

제**3**부
공간 예술과
광고

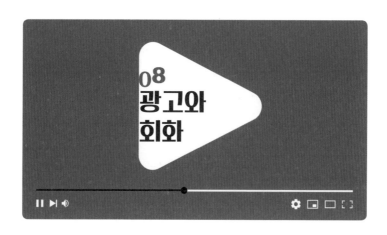

08
광고와
회화

우리는 하루에도 숱한 광고를 본다. 아니, 광고 앞에 우리가 노출된다. 원전 사고가 나면 사람들이 방사능에 노출되듯, 속옷 차림으로 텔레비전을 보고 있는 우리 안방에 노크도 하지 않고 허락 없이 찾아드는 광고의 전파에 우리는 노출되고 있는 셈이다. 지난 1960년대 초반, 프랑스의 신화학자 롤랑 바르트(Roland Barthes)는 광고물이 걸작 예술품의 반열에 오를 수 있다는 가능성에 처음으로 주목했다. 시간이 흐르고 흘러 마침내 광고도 미술이 되고 예술작품으로 인정받는 시대가 되었다.

미술평론가 정장진은 광고를 연구 대상으로 취급하지 않는 미술사는 '죽은 미술의 역사'라고 역설했다. 회화, 영화, 광고로 이어지는 콘텐츠의 먹이사슬을 이해하지 못한다면 "인쇄술과 스마트 기기 사이의 유사성도, 종교 개혁과 21세기에 일어나는 IT, BT, CT의 혁명도 아무런 관계가 없는 개별 시대의 우발적 사건으로 잘못 인식하게 된다."는 것이다(정장진, 2016). 광고 속에 미술이 존재하고 미술 속에 광고가 스며 있으니, 광고를 알아야 미술의 흐름을 제대로 파악할 수 있다는 뜻이었다. 광고 속에 그림의 전통이 스며 있고 광고를 차용한 현대 미술도 있으니, 이 둘은 친척 관계로 얽혀 있다. 광고와 그림의 친연성(親緣性, 친척으로 맺어진 인연 같은 성향)에 대해 살펴보자.

그림을 차용한 광고

명화를 광고에 활용하는 기법은 지난 1960~1970년대부터 유럽과 일본에서 유행했다. 회화(繪畵, 그림)와 제품의 이미지를 혼합하는 예술 마케팅을 비롯해 그림을 광고에 차용한 사례는 헤아릴 수 없을 정도로 많다. 예컨대, LG의 기업 이미지 광고 '서양화' 시리즈(2007)에서는 서양의 명화를 광고에 차용함으로써 기업 이미지 광고의 새로운 지평을 열었다([그림 8-1] 참조). 이 시리즈 광고에서는 세계적인 명화의 한 장면 속에 LG 상품을 배치하고 나서 "당신의 생활 속에 LG가 많아진다는 것은~"이라는 카피로 프리미엄 브랜드의 가치를 높였다. 이 가정법 카피에 응답하기 위해 "기분 좋은 일이 많아진다는 것",

[그림 8-1] LG의 기업 이미지 광고 '서양화' 시리즈(2007)

"미래를 일찍 만난다는 것", "생활이 예술이 된다는 것"이라는 세 가지 카피를 제시했다. LG 브랜드를 이용하면 생활이 좋아진다는 뜻을 명화를 차용해 간명하게 전달하는 데 성공했다.

나아가 LG는 2007년 창립 60주년을 맞아, LG전자의 대표 상품을 명화 속에 상품 배치(PPL) 형태로 결합해 'LG와 함께하는 명화 페스티벌'도 실시했다. 화사하고 밝은 색조가 인상적인 클로드 모네의 〈아르장퇴유의 산책〉, 마리 프랑수아의 〈휴가〉, 마네의 〈아르장퇴유〉, 알프레드 빅터의 〈해변〉 같은 명화를 광고에 활용해 LG의 브랜드 가치로 전환했다. LG는 TV, 냉장고, 세탁기 같은 가전제품 광고에 반 고흐, 르누아르, 세잔, 앙리 마티스와 같은 인상주의 화가들의 작품을 차용해 광고 소재로 활용했다. 상품을 명화의 소품처럼 배치해 일상의 한 장면인 듯 자연스럽게 처리했다. 소비자들은 숨은그림찾기 하듯 상품이 그림의 어느 부분에 배치되어 있는지 살펴보는 재미가 쏠쏠했으리라. 이는 소비자들 사이에서 감성적 공감대를 불러일으키기에 충분했다.

나아가 LG는 서양의 명화를 차용하는 데 그치지 않고 한국화를 활용해 명화 시리즈 광고를 계속 이어 갔다. 조선 후기 풍속도에 LG의 첨단 상품을 자연스럽게 배치함으로써 공감대의 확산을 시도한 셈이다. 시리즈 광고에서는 "당신의 생활 속에 LG가 많아진다는 것은, 미래를 일찍 만난다는 것"이라는 카피를 통해 미래를 내다보며 고객의 일상생활에 새로운 가치를 제공하겠다는 기업의 의지를 함축해서 표현했다. 우리에게 친숙한 조선 후기의 한국화를 차용해 LG상품을 일상의 한 장면으로 적절하게 배치함으로써 광고 보는 재미를 더했고 소비자들에게 미래지향적 가치를 환기하는 데 성공했다.

'한국화' 시리즈를 순서대로 제시한 [그림 8-2]를 보다 자세히 살펴보자. 김홍도의 〈빨래터〉를 차용해 트롬세탁기와 드럼세탁기 전용 세제인 테크를, 신윤복의 〈단오풍정(端午風情)〉을 가져와 개울가에서 머리 감는 아낙네들 주변에 엘라스틴 샴푸와 리엔 샴푸를 배치했다. 신윤복의 〈검무도(劍舞圖)〉를 활용해 선비들이 대형 엑스캔버스TV와 샴페인 홈시어터를 통해 검무를 감상하는 장면을 보여 주고, 김홍도의 〈대장간〉에 근거해 대장장이의 열기를 식혀 주는 LG휘센 에어컨을 부각했다. 강희언의 〈사인삼경도첩(士人三景圖帖)〉 중 〈사인휘호(士人揮毫)〉를 가져와 종이와 붓 대신 엑스노트 노트북을 이용해 그림을 그리는 선비들의 모습을 제시했고, 신윤복의 〈월하정인(月下情人)〉을 활용해 LG생활건강의 후(后) 화장품을 강조했다. 이인문의 산수화 〈도봉원장(道峯苑莊)〉의 산자락에는 LG옥외광고를 우뚝 세우기도 했다. 이 시리즈 광고들은 기업의 메시지를 일방적으로 전달하던 기존의 기업 이미지 광고와는 달리 광고 창의성의 수준을 한 단계 높였다고 평가할 수 있다.

잡화 브랜드 빈치스의 광고 '최후의 만찬' 편(2015)은 레오나르도 다빈치의 〈최후의 만찬〉에서 구도와 아이디어를 차용했

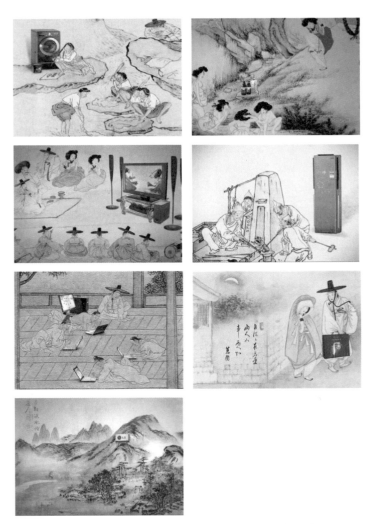

[그림 8-2] LG의 기업 이미지 광고 '한국화' 시리즈(2007)

다([그림 8-3] 참조). 빈치스(VINCIS) 브랜드의 어원이 레오나르도 다빈치(Leonardo da Vinci)에 있다는 점을 강조하려고 다빈치의 대표작 〈최후의 만찬〉의 구도에 맞춰 모델들을 배치했다. 빈치스의 대표 상품인 루나백을 식탁에 올려놓고 도도하게

[그림 8-3] 빈치스 광고 '최후의 만찬' 편(2015)

정면을 응시하는 광고 모델 공효진과 열두 명의 주변 인물들은 예수님과 열두 제자의 모습을 그대로 본뜬 것이다.

영상을 보면 열두 명의 주변 인물들이 몸싸움까지 해가면서 가방에 눈독을 들이고 있다. 뭐가 좋다는 등 이런저런 설명도 없지만, 초고속 카메라를 통해 사실적으로 구현된 장면 장면은 재미있을뿐더러 여성들의 구매 욕구를 부채질하기에 충분했다. "갖고 싶니?" 모델 공효진은 나지막한 목소리로 이렇게 말하지만, 그 목소리와 도도한 표정이 섞여 묘한 상승효과를 일으키면서 오히려 여성들의 질투심과 구매 욕구를 자극하는 것 같다.

광고를 차용한 그림

광고가 그림만을 차용하는 것이 아니다. 그림이 광고에 빚진 경우도 많다. 이탈리아 기호학자 움베르토 에코(Umberto Eco)는 『예술과 광고』(1985)에서 작가의 실험과 독자의 소비 사이의 관련성에 주목하며 광고의 기호 작용을 설명했다. 가추법(假推法, abduction)으로 무장한 그는 변화무쌍한 세계를 끊임없이 가정하면서 광고의 예술화 가능성에 주목했다(움베르토 에코, 2009). 가추법은 '이미 일어났지만 아직 모르는 사실'을 거꾸로 추론해 가는 방법이다.

"불가능한 것들을 모두 지워 버렸을 때 남는 것 하나가 틀림

없는 진실이야." 코난 도일(Arthur Conan Doyle)의 추리소설 주
인공인 명탐정 셜록 홈스가 했던 이 말은 가추법을 정확히 설
명하고 있다. 에코는 예술작품의 요소에서 예술이 되기 어려운
불가능한 것들을 모두 지워 버려도 광고 기호는 끝까지 남는다
는 사실에 주목해, 광고를 차용한 그림도 예술의 범주에 들어
간다고 주장했던 셈이다.

미국의 화가 찰스 챔버스(Charles Edward Chambers, 1883~
1941)는 일찍부터 광고 이미지를 차용해서 그림을 그렸다. 만년
의 작품 〈바람과 함께 사라지다(Gone With The Wind)〉(1939)가
광고를 차용한 그림의 대표작이다([그림 8-4] 참조). 그는 『피셔
보디(Fisher Body)』 잡지에 실린 광고 삽화에서 영감을 얻어 유

[그림 8-4] 찰스 챔버스의 '바람과 함께 사라지다'(1939)

화를 그렸다. 이 그림은 지금 니스아트갤러리(Nice Art Gallery)에 소장되어 있다. 여러 잡지에 삽화를 그리면서 동시에 체스터필드 담배의 옥외광고와 스타인웨이 피아노의 일러스트레이션 작업을 오랫동안 담당했던 그는 일찍이 광고와 그림의 관련성에 주목해 그림에 광고 이미지를 끌어들였다. 그는 광고의 예술화를 시도한 업적을 인정받아 2010년에 미국 일러스트레이터 명예의 전당에 이름을 올렸다(Wikipedia, 2021).

제프 쿤스(Jeff Koons, 1955~)는 고든스(Gordon's)라는 술 브랜드의 광고를 실크스크린 작업으로 복제해 그대로 화랑에 전시했다([그림 8-5] 참조). 이 그림을 전시한 후 그는 광고 모방과 표절 혐의로 기소되었고, 이 그림을 수백만 달러에 판매했다는 이유로 소송까지 당했다. 그러나 쿤스는 광고에서 고든스의 강렬한 그 무엇을 느끼고 발견했다며, 광고를 차용한 그림도 예술 작품이라고 주장했다(Jones, 2015). 그는 이 밖에도 여러 건의 소송을 당했지만 광고를 활용하는 것은 예술 행위라고 항변했다.

쿤스는 원본을 끌어들여 창작의 자원으로 삼는 전유(專有, appropriation)가 현대 미술에 필요한 전략이라고 주장하며 포스트모더니즘 논쟁의 중심에 서기도 했다. 광고를 차용한 그의 그림에 대해 비난하는 사람들도 많았지만 극찬하는 평론가들도 있었다. 평론가들은 쿤스의 작품이 광고를 통해 욕망의 유원지를 구현했기 때문에 우리 시대의 강력한 그림이라는 논리를 전개했다. 윤태일(2017)은 이 그림을 예술제도론의 적용 가

[그림 8-5] 제프 쿤스의 '고든스'(1986)

능성을 보여 주는 사례로 평가했다. 광고물도 마케팅적 맥락을
떠나 화랑에 전시됨으로써 예술가에 의해 '감상을 위한 후보의
자격이 수여'되는 순간 하나의 예술작품이 될 수 있다는 뜻이었
다(윤태일, 2017).

　미국 화가이자 사진작가인 리처드 프린스(Richard Prince,
1949~　)는 1980년부터 말보로 담배 광고의 상징인 말보로 맨
을 차용하고 복제해서, 실크스크린 작업을 거친 다음 미술 작
품을 완성했다. [그림 8-6]과 [그림 8-7]에 제시한 그의 작품
중 〈무제: 카우보이1〉(1995)은 메트로폴리탄 미술관에 소장될
정도로 예술성을 인정받았다(Hess, 2016). 두루 알다시피 말보
로는 처음에 여성용 담배였다. 광고인 레오 버넷(Leo Burnett)
이 말보로를 남성용 담배로 바꾸려고 미국인들의 꿈과 향수

[그림 8-6] 리처드 프린스의 '무제: 카우보이1'(1995)

[그림 8-7] 리처드 프린스의 '무제: 카우보이2'(2000)

가 어린 서부의 카우보이 상징을 써서 첫 광고를 내보낸 때가 1954년이었다. 말보로는 카우보이라는 시각적 상징과 "맛이 있는 곳. 말보로의 나라로 오십시오(Come to where flavor is. Come to Marlboro Country.)"라는 슬로건으로 무려 45년 동안이나 장기 캠페인을 전개했다.

리처드 프린스는 광고에서의 카우보이 상징을 그대로 차용해 미국의 전형적인 남성성을 그림에 묘사했다. 광고 이미지에 매혹된 그는 원래의 광고 이미지에 신비로운 느낌을 강화하기 위해 흐릿하게 만들고 자르고 훼손하는 과정을 반복하며 다시 사진을 찍었다. 이런 과정을 몇 차례 반복한 후 이미지의 자연스러움과 필연성을 훼손시켜 사회의 욕망을 환기하는 신비로운 작품을 만들어 냈다. 그는 광고의 원형을 해체한 다음, 자신의 작품에서 또 다른 카우보이 상징을 생생하게 재현했다. 그는 여러 작품을 모아 1980년 6월에 『카우보이(Cowboys)』라는 단행본을 출간하는 한편 첫 개인전을 열기도 했다. 미술 평론가들은 프린스의 광고를 차용한 그림에 대해 카우보이를 통해 미국인들의 잃어버린 꿈을 복원한 수작이라고 평가했다.

광고와 그림의 친연성

이렇듯 광고와 그림은 상관관계를 넘어서 친척 관계와 같다.

윤태일 교수는 광고는 이미지를 활용한 커뮤니케이션의 일종이기에 광고와 미술은 '친연성(親緣性)'이 있다고 주장했다. 르네상스 시대의 회화는 눈으로 즐기는 향락적 목적보다 지식을 추구하는 인식의 수단이자 소유의 수단이라는 성격이 강했다. 마찬가지로 광고 역시 소유물과 사유 재산을 찬미하는 성격이 강하기 때문에 광고와 그림은 본질적으로 '소유의 양식'이라는 공통점이 있다는 것이다(윤태일, 2017).

광고와 그림 혹은 그림과 광고가 만날 수 있는 기회는 앞으로 더 늘어날 것이다. 모든 미디어가 격의 없이 만나는 혼종 미디어 시대에 광고와 그림이 혈연관계로 만나는 친연성은 갈수록 더욱 강화될 수밖에 없다. 그렇게 되면 엄연한 예술작품으로 인정받는 현대 광고의 사례들도 더욱 늘어날 것이다. 광고인들은 자신이 만든 광고가 제품 판매의 수단에 불과하다는 인식에서 벗어나 예술작품의 씨앗이 될 수 있다는 자부심을 가질 필요가 있다. 그렇기에 마케팅이나 미디어 관련 서적은 잠시 덮어 두자. 초판 이후 미술학도의 필독서로 자리 잡은 에른스트 곰브리치(Ernst Gombrich)의 『서양미술사(The Story of Art)』(1950)라도 한번 읽어 보기 바란다. 거기에 아이디어의 광맥이 있을 수 있다.

마침내 광고도 미술이 될 수 있고 예술작품으로 인정받을 수 있는 시대가 되었다. 광고를 연구 대상으로 취급하지 않는 미술사는 '죽은 미술의 역사'라는 주장도 설득력을 얻게 되었다. 회화(그림)는 광고가 예술작품의 씨앗이 될 수 있음을 알려 주었다. 광고와 그림 혹은 그림과 광고가 만날 수 있는 기회는 앞으로 더 늘어날 것이다. 모든 미디어가 격의 없이 만나는 혼종 미디어 시대에 광고와 그림이 혈연관계로 만나는 친연성은 갈수록 더욱 강화될 수밖에 없다. 그렇게 되면 광고가 엄연한 예술작품으로 인정받는 사례도 갈수록 늘어날 것이다.

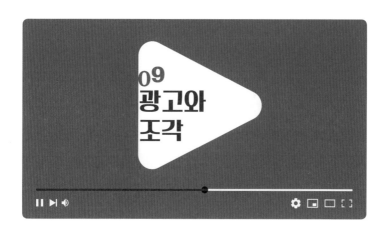

여러 예술 양식을 차용해 온 광고는 조각(彫刻) 작품에도 많은 빛을 지고 있다. 일찍이 철학자 헤겔은 미적 척도로 볼 때 최고의 예술은 조각이라며 극찬을 거듭했다. 조각의 예술 양식은 '미적 왕국의 완성'이며, 조각보다 아름다운 것은 세상에 있을 수 없고 생길 수도 없다고 하였다(게오르그 빌헬름 프리드리히 헤겔, 2010). 현대 조각의 창시자인 로댕은 조각이 기존의 미술과 다르다고 하면서 조각의 독립성을 최초로 각성시켰다. 그는 시각, 양감, 중량감이 모여 조각미를 완성한다고 했다. 일상생활에서 자주 쓰이는 '조각미인'의 어원은 로댕에서부터 시작되었다고 할 수 있다.

조각은 시인의 영감에서 출발해 물리적 노동으로 마감해야 하는 메커니즘이라는 점에서(이일호, 2016) 광고 창작자들의 작업 과정과 닮아 있다. 예술 장르 중에서 오직 조각만이 생각의 파동을 실재하는 입자로 전환시킨다. 그래서 '자료→ 정보→ 통찰력→ 영감'의 과정을 거치는 광고 아이디어 발상 과정은 분명 조각가의 영감 얻기와 흡사하다. 광고 촬영 현장에서 몸을 쓰며 고생하는 광고 창작자들의 작업 과정도 노동으로 마감하는 조각가의 몸부림과 유사하다. 그 때문인지 조각 작품에서 영감을 얻어 세상에 나온 광고들이 많다.

원작을 차용하는 경우

미켈란젤로의 〈다윗〉은 이탈리아 르네상스에서 가장 유명한 조각 작품 중 하나다. 26세이던 젊은 미켈란젤로가 1502년에 시작해 1504년에 완성한 〈다윗〉은 구약성서에 나오는 다윗이 거인 골리앗에게 돌을 던지려는 장면을 절묘하게 표현한 작품이다. 레비스트로스(Levi Strauss & Co)의 리바이스(Levi's) 광고 '다윗' 편(1971)에는 필리스티아 투사 골리앗을 돌멩이 하나로 제압할 정도로 용맹했던 전사 다윗의 결의에 찬 눈빛이 그대로 살아 있다([그림 9-1] 참조). 광고회사 영앤루비컴(Y&R) 벨기에 지사에서 만든 이 광고에서는 '나이 낮추기' 캠페인을 전개하면서 청년 다윗이 청바지를 입고 있는 모습을 제시했다.

09 광고와 조각

하물며 다윗은 반바지를 입었다.

아머라이트(ARMALITE)의 광고 '다윗' 편(2014)에서는 다윗이 총기를 들고 있다([그림 9-2] 참조). 아머라이트는 미국 일리노이주에 있는 무기제조 회사다. 광고에서는 다윗이 장거리 공격형 장총(AR-501)을 들고 있는 사진에 "AR-50A1: 걸작품"이라는 헤드라인을 썼는데, 이탈리아 정부는 이 광고에 대해 걸작품을 훼손한 위법 행위라며 항의했다. 〈다윗〉상의 저작권을 가지고 있는 이탈리아 정부는 다윗 이미지의 상업적 활용 문제와 관련해 아머라이트가 '예술작품의 미적 가치를 훼손하면 안 된다'는 법을 어겼다며, 광고를 삭제하라고 요구하기도 했다(Time, 2014).

국제 특송 서비스인 DHL의 광고 '비너스' 편(2014)에서는 저유명한 밀로의 〈비너스〉를 차용했다([그림 9-3] 참조). 〈비너스〉 조각상에 팔이 없다는 사실에 착안해, 원작의 비너스는 긴 상자에 넣고 새로 만든 팔은 따로따로 다른 상자에 넣었다. 브라질 상파울루에 있는 광고회사 마이애미광고학교(Miami Ad School)에서 만든 이 광고에서는 국제 택배를 보낼 때는 더 조심스럽게 취급하는 곳을 이용해야 한다는 메시지를 비너스를 등장시켜 강조했다. "어떤 물건들은 절대 따로따로 배송해서는 안 됩니다(Some things should never be shipped separately)." 이런 카피와 비주얼이 만나 국제 특송 서비스의 특성을 한눈에 알아보게 했다.

[그림 9-1] 리바이스 광고 '다윗' 편(1971)

[그림 9-2] 아머라이트 광고 '다윗' 편(2014)

[그림 9-3] DHL 광고 '비너스' 편(2014)

삼성전자 퀵드라이브 세탁기의 옥외광고 '현대의 걸작' 시리 즈(2018)에서는 여러 조각품의 원작을 차용해서 캠페인을 전개 했다([그림 9-4] 참조). 2017년 출시된 삼성 '퀵드라이브(Quick Drive)'는 드럼 세탁기에 전자동 세탁기의 회전판 방식을 결합 시켜 강력한 세탁 성능을 유지하면서도 세탁 시간을 절반이 나 줄인 혁신적인 제품이었다. 영국의 광고회사 테일러 헤링 (Taylor Herring)은 2018년 10월 3일부터 8일까지 런던의 명소 인 복합 쇼핑몰 원뉴체인지, 킹스크로스역, 러셀스퀘어공원, 바 터시공원에 로댕의 〈생각하는 사람〉과 미켈란젤로의 〈다윗〉 을 세탁기와 함께 전시했다. 피카딜리서커스역 인근의 건물 외 벽에는 옥외광고판도 설치했다. 런던 시민들은 〈다윗〉이 퀵드

[그림 9-4] 퀵드라이브 옥외광고 '현대의 걸작' 시리즈(2018)

라이브 세탁기 위에서 셔츠를 어깨에 걸치고 서 있는 모습이나 〈생각하는 사람〉이 세탁기 앞에서 빨래 코스를 고민하는 모습에 환호했다. 이후 퀵드라이브는 영국 드럼 세탁기 시장에서 압도적 1위로 시장점유율을 높였다(PR Examples, 2018). 세월이 지나도 한결같은 가치를 지닌 조각 작품이 퀵드라이브의 광고 모델 역할을 톡톡히 한 셈이었다.

원작을 변용하는 경우

조각품의 원작 그대로를 차용하지 않고 패러디하거나 다른 요소를 덧붙여 광고에 변용하는 경우도 있다. 메이든폼 브라 광고 '비너스' 편(1956)에서는 모델이 〈비너스〉상을 그대로 모방하며 아름다운 자태를 한껏 드러냈다([그림 9-5] 참조). 여성 속옷 전문 브랜드 메이든폼(Maidenform)은 우리나라에도 진출해 있다. "메이든폼 브라를 하고 밀로의 비너스가 되는 꿈을 꿨어요(I dreamed I was Venus de Milo in my Maidenform bra)." 이와 같은 "메이든폼 브라를 하고 (   ) 꿈을 꿨어요." 같은 카피 형식은 1950~1960년대의 메이든폼 브라의 시리즈 광고에서 자주 쓰였다. 예를 들어, "나는 메이든폼 브라를 하고 쇼핑하는 꿈을 꿨어요."와 같은 형식이었다.

헨켈의 접착제 록타이트(Loctite) 광고 '비너스' 편(2009)에서도

I dreamed I was Venus de Milo in my

maidenform bra

[그림 9-5] 메이든폼 브라 광고 '비너스' 편(1956)

[그림 9-6] 헨켈 록타이트 광고 '비너스' 편(2009)

09 광고와 조각

〈비너스〉를 변용해 상품의 특성을 부각시켰다([그림 9-6] 참조). 우리나라 주부들에게 쌍둥이 칼 브랜드로 익숙한 헨켈(Henkel) 은 독일의 세계적인 생활용품 기업이다. 광고회사 DDB의 포르투갈 지사에서 만든 이 광고에서는 비너스의 팔을 접착제로 붙이는 상상력을 발휘했다. "즉각적인 힘(Força instantânea)"이라는 포르투갈어 카피는 짧지만 강력하다. 어떻게 해서 비너스에 팔이 붙게 되었는지 장황하게 설명하지 않아도, 록타이트 접착제의 강력한 접착력을 충분히 짐작해 볼 수 있다.

독일올림픽스포츠연맹(Deutscher Olympicher SportBund)의 옥외광고 '다윗' 편(2007)에서는 용맹한 전사 다윗이 늠름한 몸매가 아닌 배 나온 뚱뚱한 몸매로 등장했다([그림 9-7] 참조). 독일 함부르크의 광고회사 스콜츠앤프렌즈(Scholz & Friends)는 올림픽에 출전할 스포츠 선수들에게 비만의 위험성을 강조하기 위해 〈다윗〉상(像)의 원작을 변용했다. "움직이지 않으면 뚱뚱해집니다(If you don't move, you get fat)." 뚱뚱해진 다윗상 아래에 이런 카피를 붙여 선수들에게 비만에 대한 경각심을 불러일으켰을 뿐 아니라 나아가 독일 국민들이 스포츠연맹에 더 많은 관심을 갖게 하는 데 성공했다.

프로포르지아(Proportzia)의 '다윗' 편(2013)에는 [그림 9-8] 에서 알 수 있듯이 가슴에 털이 수북이 난 다윗이 등장했다. 프로포르지아는 1988년에 창립한 이스라엘의 성형외과로, 미용치료와 레이저 제모 클리닉으로 유명하다. 이스라엘의 광고회

[그림 9-7] 독일올림픽스포츠연맹 광고 '다윗' 편(2007)

[그림 9-8] 프로포르지아 광고 '다윗' 편(2013)

사 아로에티 버만 지피에스(Aroeti Berman GPS)에서 만든 이 광고에서는 제모 클리닉을 강조하기 위해 청년 다윗을 가슴에 털 난 다윗으로 변모시켰다. 털 난 다윗에 "레이저 제모(Laser hair removal)"라는 헤드라인을 더해 원작을 변용하는 광고의 맛을 보여 주었다. 이 광고는 몸에 털이 많아 제모 수술을 고려하는 사람들에게 호소력 있는 메시지로 다가갔다.

모작을 새로 만드는 경우

필요에 따라 조각품 원작을 차용하지도 변용하지도 않고, 조작 작품의 외양을 참고해 아예 모작(模作)을 새로 만들어 광고에 활용하는 경우도 있다. 즉, 원작을 모방해 새 조각상을 만들어 쓰는 것이다. 파라마운트 팜스의 원더풀 피스타치오(Wonderful Pistachios) TV광고 '비너스' 편(2018)에서는 '비너스의 외출'이라는 주제로 피스타치오의 특성을 강조했다([그림 9-9] 참조). 미국 광고회사 원더풀 에이전시(Wonderful Agency)에서 만든 이 광고에서는 프랑스 루브르박물관의 비너스가 외출해 백화점에서 피스타치오를 사 먹고 힘을 낸 뒤 다음 날의 일을 준비한다는 내용이다. 영상이 흐르는 동안 루브르박물관에서의 근무(?)를 마치고 외출한 비너스는 다음과 같이 말한다. "저는 주6일 근무로 하루 13시간씩 일해요. 근무가 끝나면 할 것들을 해야

죠. 스낵이 필요하면 건강에 좋으면서 맛있고 먹기 쉬운 걸 원하죠. 껍질 없는 맛 좋은 피스타치오처럼. 단백질이 풍부하고 맛있고 휴대하기도 편해요. 한마디로, 저에게 딱 맞아요."

[그림 9-9] 원더풀 피스타치오 광고 '비너스' 편(2018)

[그림 9-10] 트라이드 '조각상' 시리즈 광고(2013)

영국 빈티지 의류 브랜드인 트라이드(Traid)의 광고 '조각상' (2013) 시리즈에서는 고대 조각품들인 〈제우스〉상, 〈아프로디테〉상, 〈예수〉상, 〈헤라클레스〉상 등에 클래식 빈티지 의류를 입혀 멋있게 코디했다([그림 9-10] 참조). 트라이드는 불필요한 옷을 모아 재사용 및 재판매해서 세계빈곤퇴치기금을 모금하기 위해 1999년에 자선상점 4곳과 섬유재활용은행 700곳과 함께 영국에서 등록한 자선 단체이다. 광고회사 영앤루비컴(Y&R) 런던 지사에서 만든 이 광고에서는 사람들에게 널리 알려진 조각상에 옷을 입혀 소비자와의 친밀감을 높였다. 조각상을 새로 만들어 광고 모델로 활용했는데 오래된 빈티지 의상과 고대 조각 모델들이 조화롭다. 트라이드의 옷을 입은 조각상들은 사람 모델이 할 수 없는 고즈넉한 분위기를 절묘하게 살려냈다.

하비스(Habib's) 아이스크림의 광고 '아이스크림 조각상' (2017) 시리즈에도 여러 가지 조각상이 등장한다([그림 9-11] 참조). 기존 광고와는 달리 돌로 된 조각상이 아닌 아이스크림 조각상을 제시하고 있어 흥미롭다. 브라질 상파울루의 광고회사 피피엠(PPM)에서 만든 이 광고에서는 아이스크림으로 조각상을 만들었다. 초코 아이스크림으로 〈아르테미스〉상을, 딸기 아이스크림으로 이스터섬의 〈모아이인〉상을, 바닐라 아이스크림으로 로댕의 〈생각하는 사람〉을 만들고 조각상에 스푼을 꽂아 두었다. "전혀 새로워진 아이스크림의 걸작을 소개합니다"

[그림 9-11] 하비스 '아이스크림 조각상' 시리즈 광고(2017)

모작을 새로 만드는 경우

라는 카피를 각 광고에 똑같이 썼는데, 카피와 비주얼이 만나 조각 아이스크림(Esculturas de Sorvetes, 브라질어)의 걸작이라는 메시지를 전달하기에 충분했다.

투자자문 회사 SSGA의 옥외광고 '두려움 없는 소녀' 편(2017)에서는 아예 [그림 9-12]와 같은 새로운 조각상을 만들었다. 2017년 1월, SSGA(State Street Global Advisors)는 기업에서 여성 임원이 전체의 25% 이하라는 현실을 개탄하며, 이 소녀상을 제작했다. 월가의 명물 〈돌진하는 황소〉상과 마주보는 자리에 설치된 키 130센티미터의 〈두려움 없는 소녀(fearless girl)〉상은 금세 황소상의 인기를 추월했다. 이 옥외광고는 2017 칸라이언즈 창의성 축제(칸국제광고제)에서 PR 부문, 글래스 부문, 옥외광고 부문 등 모두 3개 부문에서 그랑프리를 수상했다. 심사위

[그림 9-12] SSGA 옥외광고 '두려움 없는 소녀' 편(2017)

09 광고와 조각

원들은 이 옥외광고가 "여성의 사회적 역할에 대한 영감을 많은 사람에게 환기했다."고 하며 수상작으로 선정한 이유를 밝혔다 (Rittenhouse, 2018). 이 광고는 차별에 대한 자각에서부터 유리 천장을 깰 수 있다는 사실을 온 세계 사람들이 깨닫게 했다.

국내의 여러 광고에서도 조각품을 활용한 광고들이 있었지만, 거의 대부분이 서양의 조각품을 활용하기에만 급급했다. 서양의 조각품이 사람들에게 널리 알려져 있고 우리나라에 저명한 조각품이 부족하다는 사실을 상기해 보면, 저간의 사정을 한편으로는 이해할 수 있다. 그렇지만 우리 조각품에는 아예 시선을 주지 않는 광고 창작자들의 선입견에도 문제는 있다. 예를 들어, 국보 제83호 〈금동미륵보살반가사유상(金銅彌勒菩薩半跏思惟像)〉은 6~7세기 동양의 불교 조각 작품 중에서 최고의 걸작이라는 평가를 받는다. 로댕의 〈생각하는 사람〉이나 우리의 국보 제83호나 똑같이 '사유(思惟)'하는 형상을 표현한 조각품이다. 로댕의 〈생각하는 사람〉에는 없는 부드러운 미소가 이 작품에는 있다. 원작을 차용하는 경우든, 원작을 변용하는 경우든, 모작을 새로 만드는 경우든, 광고에 활용될 수 있는 〈금동미륵보살반가사유상〉의 구성 요소가 차고 넘침에도 말이다. "미켈란젤로를 넘어서기(Beyonds Michelangelo)" 위해 노력하는 '제주조각공원'을 비롯해 전국의 조각품이 광고 창작자들의 따스한 눈길을 기다리고 있다. 우리네 조각 작품을 활용해 광고 창작의 지평을 더 비옥하게 넓혀 가기를 기대한다.

철학자 헤겔은 미적 척도로 볼 때 최고의 예술은 조각이라며 극찬을 거
듭했다. 조각은 시인의 영감에서 출발해 물리적 노동으로 마감하는 메
커니즘이라는 점에서 광고 창작자들의 작업 과정과 닮아 있다. 원작의
차용과 변용, 모작의 탄생에 이르기까지 조각은 광고에서 다양하게 변
용된다. 조각은 생각의 파동을 실재하는 입자로 전환시킨다. 그래서 '자
료→정보→통찰력→영감'의 과정을 거치는 광고 아이디어 발상 과정은
분명 조각가의 영감 얻기와 흡사하다. 원작의 차용이든, 원작의 변용이
든, 모작의 창작이든, 우리나라의 조각품도 광고에 활용해야 한다.

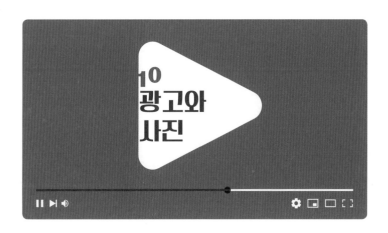

10
광고와
사진

스마트폰으로 언제 어디서든 사진을 찍을 수 있는 우리 시대에 광고와 사진의 관련성을 새삼 강조할 필요는 없을 터이다. 광고물의 80퍼센트 이상에서 사진을 활용하는데 브랜드 이미지는 사진에 의해 구체화된다. 광고는 사진을 만나 브랜드의 특성을 더 쉽게 설명할 수 있게 되었고, 좋은 사진은 광고 브랜드의 가치를 높이기도 했다.

사진은 찍는 이의 의도에 따라 피사체를 마음대로 축소하거나 확대할 수 있고, 불필요한 부분을 잘라내고 목적에 맞게 이미지를 재구성할 수도 있다. 메시지의 선택과 집중을 중시해 온 광고인들은 일찍부터 사진의 특성에 주목했다. 광고 목적에 알맞게 장면을 취사선택할 수 있는 사진은 광고를 위해 발명되었다고 해도 지나치지 않다.

한 컷으로 담는 광고 메시지

"오늘날에는 모든 것이 결국 사진에 찍히기 위해 존재하게
되어 버렸다." 카메라 렌즈를 통해 현실을 구경하는 현대인의
자세를 비판적으로 통찰했던 수전 손택(Susan Sontag)의 말이
다(수전 손택, 2005). 사진의 본성에 주목한 그녀는 사진이 현실
을 몽타주함으로써 초현실주의처럼 역사를 생략해 버릴 위험
성이 있다며 피상성에 대해 우려했다. 그렇지만 광고에서는 상
황이 다르다.

광고는 모든 것을 활용해서 상품 메시지를 전달하기 때문
에, 사진이 현실을 초현실로 바꿔 버린다 해서 크게 문제될 일
은 없다. 예컨대, 현대자동차 쏘나타 센슈어스 광고 '키스' 편
(2020)에서는 『타임』지가 선정한 100대 사진의 하나로 유명
한 명작 사진을 활용했다([그림 10-1]과 [그림 10-2] 참조). 독
일의 사진작가 알프레드 아이젠슈테트(Alfred Eisenstaedt,
1898~1995)가 1945년에 찍은 "수병의 키스(V-J Day in Times
Square)"라는 사진이다. 제2차 세계대전 종전의 기쁨을 상징하
는 사진인데, 원작에는 사람들의 시선이 키스하는 남녀에게 향
하고 있다.

[그림 10-1] 원작 사진 '수병의 키스'(1945)

[그림 10-2] 쏘나타 센슈어스 광고 '키스' 편(2020)

광고에서는 원작의 이미지를 활용하며 오른쪽에 쏘나타 센슈어스 자동차를 배치하고, 사람들이 키스하는 연인이 아닌 자동차에 시선을 집중하는 상황을 연출했다. 헤드라인은 "장면을 훔치는 것(Scene Stealer)"이다. 영화나 드라마에서 맛깔나는 연기로 주목받는 명품 조연을 뜻하는 '신스틸러'라는 말을 카피로 썼으니, 자동차의 존재감을 강조했다. 유명한 예술사진에 쏘나타를 등장시켜 키스하는 연인보다 쏘나타의 존재감을 부각시킨 광고사진의 연출력 때문에 도시가 온통 쏘나타를 위한 미술관처럼 바뀌었다.

세상에는 여러 가지 광고사진이 존재한다. 광고사진을 여러 기준에 따라 분류할 수 있지만 소비자들이 광고사진을 어떻게 느끼느냐에 따라 분류하는 것이 가장 타당하다. 한국광고사진가협회(KAPA)의 국제광고사진 공모전 수상작을 대상으로 광고사진의 유형을 분류한 연구에서는 소비자의 선호 유형에 따라 광고사진을 세 가지로 분류했다. 공감할 만한 스토리를 선호하는 '감성 소구적 인물사진형', 시선 집중을 중시하는 '시선 집중적 사물사진형', 단순한 색감을 강조하는 '목적 지향적 단색사진형'이 그 세 가지다(심현준, 육가유, 신상혁, 이종윤, 홍장선, 2020). 이 기준에 따라 광고와 사진의 예술적 관계를 살펴보자.

감성 소구적 인물사진형

이 유형의 광고사진은 사물보다 인물을 통해 상품 메시지를 전달한다. 광고사진에 등장하는 인물은 주변의 보통 사람들보다 각 분야에서 전문가로 인정받는 유명인이 많다. 일반인이 나올 수도 있지만 광고 모델은 소비자들이 공감할 만한 이야깃거리가 있어야 하고, 그 인물의 흥미진진한 이야기는 소비자의 감성을 자극시키고 공감을 유발해야 한다. 이야깃거리가 없는 인물을 촬영한 광고사진에 대해서는 소비자들이 특별함을 느끼지 못하기 때문에 광고효과를 기대하기 어렵다.

소비자 입장에서는 사진 이미지에서 느끼는 광고 메시지의 의미를 중요하게 받아들일 수밖에 없다. 감성 소구적 인물사진형은 사진의 색상과 느낌도 대체로 감성적이고 조명이나 색감도 자연스러워 소비자의 감정 반응을 유발할 가능성이 높다. 따라서 전달하려는 메시지와 소비자의 감정이 일치하느냐 그렇지 못하느냐에 따라 광고효과도 달라지게 마련이다. 광고사진에 등장하는 인물이나 상품의 정체성이 명확히 각인되어야 광고가 주목을 끌 수 있고 구매 욕구도 자극할 수 있다.

애플 컴퓨터의 인쇄광고 '다르게 생각하라(Think different)' 캠페인(1997~1998)에서는 감성 소구적 인물사진의 전형적인 면모가 엿보인다([그림 10-3] 참조). 애플은 1990년대에 위기

에 처하자 이 캠페인을 전개함으로써 위기를 탈출했다. 광고
회사 TBWA와 샤이엇데이(Chiat Day)는 애플의 이미지를 바꾸
기 위해 20세기에 영향을 미친 인물들의 창의적인 인생을 애플
의 "다르게 생각하라"는 슬로건으로 승화시켰다. 1997년 9월
28일, 텔레비전 광고를 첫 방송한 직후에 인쇄광고를 노출했는
데, 인쇄광고가 텔레비전 광고에 비해 훨씬 더 정교하게 만들
어졌다.

다르게 생각해서 자신의 시대를 창조한 30명을 조명한 인쇄
광고 시리즈는 한 컷으로 보여 주는 포토 자서전이나 마찬가지
였다. 상대성 이론을 발표한 이론 물리학자 알베르트 아인슈타
인(Albert Einstein), 노벨문학상을 받은 싱어송라이터 밥 딜런
(Bob Dylan), 1969년 7월 20일에 닐 암스트롱(Neil Armstrong)에
이어 두 번째로 달에 착륙한 미국의 우주 비행사 버즈 올드린
(Buzz Aldrin), 침팬지의 사회적 상호작용을 45년 동안 연구한
영국의 인류학자 제인 구달(Jane Goodall), 현대 무용의 선구자
마사 그레이엄(Martha Graham), 현대 미술에 절대적 영향을 미
친 입체파 화가 파블로 피카소(Pablo Picasso)가 광고에 등장했
다. 이 밖에도 앨프리드 히치콕(Alfred Hitchcock), 마리아 칼라
스(Maria Callas), 토머스 에디슨(Thomas Edison) 같은 30명이 등
장해 '다르게 생각하라'는 애플의 메시지를 전했다.

등장인물의 인생이 흥미진진해 소비자의 공감을 유발하기에
충분한 광고였다. 사진 원본과 광고 사본을 구분하기 어려울

[그림 10-3] 애플 컴퓨터 'Think different' 캠페인(1997~1998)

정도로 자연스러웠는데, 애플의 로고와 "Think different"라는 카피 외에 어떠한 설명도 없었다. 인물에 대해 어떠한 설명도 덧붙이지 않아 더 강렬한 메시지로 다가왔다. 애플은 캠페인이 끝난 후 유명인이 등장하는 포스터를 전국의 공립학교에 무료로 배포함으로써 메시지의 확산 효과를 유도했다. 이 캠페인은 1998년 칸국제광고제에서 은사자상을 수상했다.

시선 집중적 사물사진형

이 유형의 광고사진은 사진에 소비자의 시선을 끌어당기는 요소가 있는지가 중요하며, 피사체가 인물이 아닌 상품이나 사물인 경우가 많다. 인물이 아닌 사물을 통해 메시지를 전달하기 때문에 이 유형에서는 사진 이미지의 심미적 요소가 특히 중요하다. 보이는 피사체를 과도하게 강조거나 변형시킨다. 필요에 따라 데페이즈망 기법[1]을 써서 상황을 연출함으로써 소비자의 시선을 집중시키고 소비심리를 자극하는 광고사진도 이 유형에 해당된다.

시선을 집중시키려면 알리고자 하는 시각적 메시지를 구체

---

1) 데페이즈망(dépaysement)이란 주변에 있는 대상을 사실적으로 묘사하고 그와 전혀 다른 요소를 작품에 배치함으로써 일상의 사물을 다르게 표현하는 초현실주의 기법으로, 문학에서의 '낯설게하기' 개념과 유사하다.

적으로 결정하는 안목이 가장 중요하다. 시각적 메시지가 주목을 끌지 못하면 사진에 의한 광고효과를 기대하기 어렵기 때문이다. 사진의 색감 선택에 있어서도 차분하고 편안한 색감보다 화려한 색상이 주로 선호된다. 전달 의도가 분명하지 않거나, 상품의 특성과 형태가 잘 나타나지 않거나, 소비자의 호기심을 유발하지 못할 경우에는 선택한 사진의 광고효과가 떨어질 수밖에 없다.

프랑스 맥도날드의 인쇄광고 '빗속의 맥 배달(McDelivery: Rain)' 편(2019)은 [그림 10-4]에서 확인할 수 있듯이 사진예술로 완성한 광고 작품이다. 광고회사 TBWA의 파리 지사에서 만든 이 광고는 비 오는 날 창밖에 보이는 도시 풍경을 인상적으로 표현했다. 배가 고파 먹을 것이 생각나는데 창밖에 비가 내리고 있다. 10분 거리에 패스트푸드점이 있지만 빗속을 10분 동안 걸어가야 하니 망설일 수밖에 없다. 광고주는 이런 상황에 주목해 맥도날드의 패스트푸드를 배달해 주는 맥딜리버리 서비스를 알리고자 했고, 광고 창작자들은 섬세한 촉수로 그 느낌을 표현했다.

그래서 나온 아이디어가 창밖의 비에 젖은 건물과 폭우 쏟아지는 하늘을 포착한 사진이었다. 그렇게 해서 카피 한 줄도 필요 없는 사진예술 미학이 탄생했다. 건축과 정물 사진으로 유명한 사진작가 로베르토 바댕(Roberto Badin)은 인상파 화가의 그림 같은 예술사진을 만들어 냈다(Gadgil, 2019).

　　　　　　　　　　　　　　　　　　　　　　　　　　10 광고와 사진

[그림 10-4] 프랑스 맥도날드 광고 '빗속의 맥 배달' 편(2019)

작가는 밝고 화려한 기존의 패스트푸드점 광고에서 벗어나 렌즈를 거치면서 부드러워지는 LED 조명의 신비로운 아름다움을 포착했다. 음식을 시켜 먹기에 가장 좋은 비 오는 날의 창밖 도시 풍경을 촬영해 광고를 예술의 경지로 끌어올렸다.

광고사진에서는 비 오는 날의 도시 풍경과 도시의 서정을 감동적인 미니멀리즘으로 구현했다(Griner, 2019). 비에 젖은 풍경 사진은 비 오는 날에는 돌아다니지 말고 맥도날드에서 패스트푸드를 시켜 먹으며 도시의 운치를 즐기라고 말하는 것 같다. 주문하면 금방 나오는 패스트푸드를 군이 주문해서 먹을 필요가 있을까 싶겠지만, 예술작품이 된 광고사진은 상식을 깨트리며 맥도날드에서 패스트푸드를 배달해 먹는 비율을 높였다. 모바일 광고에서는 비 내리는 동안에 맥도날드 주문 앱을 다운받게 해 인쇄광고와 연계시켰으니 광고효과도 기대 이상이었다.

목적 지향적 단색사진형

이 유형의 광고사진은 간결하고 단순한 색감을 활용해 광고의 목적과 상품의 정보를 명확히 전달하는 방법에 치중한다. 사진작가는 비교적 단순한 색감을 구현해 화려하지는 않지만 세련되고 고급스러운 사진을 완성하려고 노력한다. 복잡한 이미지는 광고사진의 목적을 방해한다고 판단하기 때문에 그런 이미지를 피하는 경우가 대부분이다. 사진을 보는 개인이 느끼는 감정이나 개인적 취향에 따라 목적 지향적 단색사진을 수용하는 양상도 달라질 수밖에 없다.

이 유형이 광고효과를 발휘하려면 단순한 색감을 구현해 상품의 이미지를 간명하게 전달함으로써 시선의 집중을 유도해야 한다. 사진에서 상품에 정보가 쉽게 전달되어 광고를 보는 소비자의 감정 반응에 영향을 미쳐야 하므로, 사진 구도의 3원칙 중에서 시각적 효과를 높이기 위해 주변의 방해 요소를 과감히 제거하는 고립(isolation)의 원칙[2]을 중시하게 된다(안드레아스 파이닝거, 1986). 그렇지만 개인의 취향이나 감정에 따라 광고사진의 수용 양상에 차이가 있기 때문에 모든 소비자에게 동일한 광고효과를 기대하기는 어렵다.

LG전자의 인쇄광고 '가전, 작품이 되다' 편(2016)에서는 갖가지 LG가전을 종합선물세트처럼 골고루 소개했다([그림 10-5] 참조). 광고의 목적을 명확히 전달하기 위해 주변의 방해 요소를 과감히 제거한 목적 지향적 단색사진의 전형성을 확인할

---

2) 파이닝거(Andreas Feininger, 1906~1999)는 통찰, 고립, 구성이라는 사진 구도의 3원칙을 제시했다. 어떤 대상을 촬영하기 위해 먼저 피사체를 면밀히 탐색하고 연구하는 통찰(exploration), 주제를 통찰한 다음 (전경과 배경, 색채와 대비, 원근감과 왜곡, 광선의 방향과 질) 시각적 효과를 높이기 위해 주변의 방해 요소를 제거하는 고립(isolation), 전체와 조화를 이루는 좋은 구도와 시각적 조화를 찾아 구도에 질서를 부여하는 구성(organization)이 그 세 가지다.

수 있다. 프리미엄 가전의 소유 가치와 소장 가치를 아름답고 고급스러운 예술사진으로 표현했는데, 상품의 장점을 일방적으로 전달하지 않고 마치 예술작품을 보듯 편안한 마음으로 광고를 감상하게 했다. 여러 가전제품을 단순히 나열했더라면 진부한 광고로 끝났을 텐데 그렇게 하지 않고 사진 예술작품으로 승화시킴으로써, 사진이 광고 상품에 대한 긍정적인 태도를 형성하는 데 기여했다.

헤드라인을 쓰지 않았지만 모든 카피가 헤드라인과 보디카피의 성격을 동시에 지니고 있다는 점도 인상적이다. "가전, 작품이 되다"에 이어 "TV, 작품이 되다", "냉장고, 작품이 되다", "세탁기, 작품이 되다", "공기청정기, 작품이 되다" 같은 카피가 계속 이어질 뿐이다. 군더더기를 덜어 내고 상품의 본질에 집중한 압도적 성능과 정제된 디자인 그리고 직관적 사용성이라는 LG시그니처 철학의 핵심을 나타내기에 충분했다. 광고 카피는 사진예술을 만나 메시지의 완성도가 높아졌고, 가전제품도 사진예술을 만나 상품을 넘어 작품이라는 가치를 얻게 되었다.

풍경 사진으로 유명한 사진작가 김주원은 모든 사진 작업을 자연광 상태에서 야외 촬영으로 진행했다. LG제품이 본질에 충실한 디자인을 추구하는 만큼 사진에서도 제품과 풍경이 어우러진 피사체의 본질만 담아내고 군더더기는 없애자는 취지에 서였다. 동시에 LG전자는 LG시그니처 홈페이지에서 '가전, 작품이 되다'를 주제로 제품과 풍경이 다채롭게 어우러진 온라인

[그림 10-5] LG전자 광고 '가전, 작품이 되다' 편(2016)

예술사진전을 진행했다. 도시와 자연 혹은 낮과 밤을 넘나들며 LG제품과 풍경이 서로를 포용하는 예술사진들이었다. 올레드 TV, 냉장고, 세탁기, 가습공기청정기 같은 LG제품은 인천 송도의 마천루, 사천 바닷가, 함양 용추계곡의 다채로운 풍경 속에서 기술을 넘어서는 예술작품이라는 평판을 얻게 되었다.

광고사진의 지향점

기술복제시대의 예술작품에 주목한 발터 벤야민(Walter Benjamin, 1892~1940)은 일찍이 사진의 발명으로 인해 예술의 성격이 바뀔 수 있다는 의문을 제기했다. 그는 사진의 복제술이 예술작품 원작에만 있는 아우라를 붕괴시켰다며, 복제품이 원작의 진품성을 제거하는 상황을 주시했다. 원작의 아우라를 전시 가치로 대체하는 복제 기술은 예술의 대중화를 앞당기는데, 계속 인화할 수 있는 사진이야말로 대중예술의 첨병 역할을 한다는 것이었다. 그는 창의적인 사진술의 진짜 얼굴이 광고나 연상 효과라고 주장하며 인위적으로 구성하는 예술의 필요성을 역설했다(발터 벤야민, 2007).

벤야민의 주장은 현실화되었고, 이제 사진 촬영은 일상의 순간을 기록하는 일기 쓰기의 성격을 지니게 되었다. 그렇다면 앞으로 광고사진은 어떤 방향으로 나아가야 할까? 감성 소구적

인물사진형은 소비자들이 공감할 요소를 부각시켜 감정의 끌림을 유도해야 한다. 시선 집중적 사물사진형은 시각적 지각 원리에 따라 시선을 집중시키며 다른 광고사진과의 차별화를 시도해야 한다. 목적 지향적 단색사진형은 단색 표현으로 효과를 높일 수 있도록 조화롭게 메시지를 구성할 방법을 찾아야 한다.

광고사진은 어디까지나 광고를 위한 사진예술이 되어야지 예술 자체를 위해 봉사하는 사진이 되면 곤란하다. 어떤 광고사진이든 전달하려는 메시지를 극대화하는 시각 요소의 명확성과 색감의 선명성을 고려하는 감각이 가장 중요하다. 상품과 브랜드의 특성을 살리면서 선명한 메시지를 드러내는 광고사진이 늘어나, 광고의 영역에서 사진예술의 가치가 폭넓게 확장되기를 바란다.

✓ 핵심 체크

사진은 백 마디 설명보다 강력하다. 광고사진은 소비자의 선호 유형에 따라 공감할 만한 스토리를 선호하는 '감성 소구적 인물사진형', 시선 집중을 중시하는 '시선 집중적 사물사진형', 단순한 색감을 강조하는 '목적 지향적 단색사진형'으로 분류한다. 감성 소구적 인물사진형은 소비자의 공감 요소를 부각시켜 감정의 끌림을 유도해야 한다. 시선 집중적 사물사진형은 시각적 지각 원리에 따라 시선을 집중시키고 다른 광고사진과의 차별화를 시도해야 한다. 목적 지향적 단색사진형은 단색 표현으로 효과를 높이도록 메시지를 조화롭게 구성해야 한다.

광고가 예술을 만났을 때
아트버타이징

제**4**부
시공간 예술과 광고

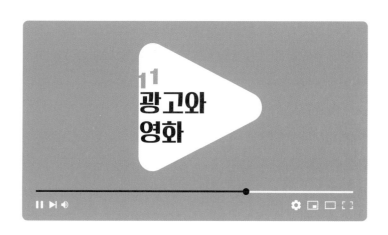

11 광고와 영화

광고를 보다 보면 영화의 장면과 줄거리가 비슷한 장면이 나온다. 광고를 바탕으로 만든 영화도 있다. 광고와 영화가 서로 아이디어를 차용하는 까닭은 무엇일까? 소비자들은 영화의 주요 장면을 인상 깊게 기억한다. 따라서 광고 창작자들은 영화의 장면과 줄거리를 차용하면 영화의 유명세에 업혀 광고효과를 높일 수 있을 것이라고 기대하는 경우가 많다. 대표적인 영상문화 콘텐츠인 영화와 광고가 맞보증을 서는 셈이다.

그만그만한 아이디어로 만든 광고는 소비자를 끄는 힘이 약해 위험 부담이 있다. 하지만 영화를 차용하면 창의성은 약간 떨어지더라도 영화의 기억 효과에 어느 정도는 업혀 갈 수 있다. 태초에 하느님이 세상을 창조한 이후 "하늘 아래 새로운 것은 없다"는 성경 말씀에 기대면, 인류사의 모든 업적은 모방과 차용의 결과물이 아니었을까 싶다. 광고와 영화가 그동안 어떻게 동고동락(同苦同樂)해 왔는지 살펴보자.

영화를 차용한 광고

영화를 차용한 광고는 태평양(아모레퍼시픽)의 라네즈 광고에 이르러 비로소 주목을 받았다. 1995년 7월, 라네즈 화장품 광고에서는 "영화처럼 사는 여자"라는 슬로건을 앞세우며 영화 패러디 광고를 선언하고 나섰다([그림 11-1] 참조). 본격적인 영화 패러디 광고는 '티파니에서 아침을' 편에서부터 시작되어 1997년 1월 말까지 18개월 동안 8편의 광고를 했다. 한 번쯤은 영화의 여주인공처럼 살고 싶어 하는 여성 심리를 자극하는 유혹의 낚싯밥 같은 캠페인이었다. 이 캠페인의 광고 모델 김지호는 영화의 여주인공 역을 연기하며 여자들이 꿈꾸는 삶을 재현했다. 김지호는 〈티파니에서 아침을〉의 오드리 헵번, 〈연인〉의 제인 마치, 〈사랑과 영혼〉의 데미 무어, 〈프렌치 키스〉의 맥 라이언으로 변신하면서 사랑스러우면서도 당당한 여성상을 표현했다.

그녀는 광고에서 세계적인 배우들의 연기 장면을 거의 그대로 흉내 냈다. 마치 세계 영화 100년사를 15초로 요약하겠다는 듯이 영화 여주인공의 연기 장면을 김지호 스타일로 해체시켜 재구성했다. 예컨대, 데미 무어와 패트릭 스웨이지가 함께 도자기를 빚는 불멸의 순간을 재현한 '사랑과 영혼' 편에서는 영화의 감동을 기억하는 사람들에게 라네즈의 가치를 전이했다. 자칫 잘못하면 소비자들에게 혼란만 가중시키고 광고가 끝날 수도 있었지만 김지호는 여주인공들의 연기를 단지 흉내 내는 데 그치지 않고 자기 스타일을 만들어 냈다. 그녀는 지호 헵번, 지호 마치, 지호 무어, 지호 라이언으로 변신하며 라네즈의 브랜드 가치를 높이는 데 기여했다. 이 캠페인의 힘을 받은 라네즈는 1996년 이후 판매력 1위와 브랜드 호감도 1위 자리를 지켜 나갔다(최은섭, 안준희, 2019). "영화처럼 사는 여자"라는 브

[그림 11-1] 라네즈 '영화처럼 사는 여자' 캠페인(1995~1997)

랜드 슬로건은 인지도가 96%에 이르렀다.

위메프의 광고 '취권' 편(2013)은 영화 〈취권〉의 무협 동작과 추임새를 반영해 코믹한 분위기를 만들어 냈다([그림 11-2] 참조). 광고가 시작되면 광고 모델 변희봉이 영화배우 성룡을 흉내 내며 "믿을 수가 없어! 여긴 뭐가 이렇게 비싸냐?"고 하자, 제자인 이승기는 "사부님, 무료배송에 5% 적립은 받으셨나요?" 하고 묻는다. 한 번 들으면 잊을 수 없는 중독성 강한 멘트였다. 또 다른 제자인 이서진은 "싸~~~다. 최저가 아니면 200% 보상해 주는 위메프가 싸다고요!" 하며 가격의 가치를 설명하는 순간 "이것이 위메프의 쇼핑 특권. 절대 우위. 위메프."라는

[그림 11-2] 위메프 광고 '취권' 편(2013)

내레이션이 나오며 광고가 끝난다. 이 광고에서는 음성과 자막을 동시에 활용해 "싸다"를 강조했다. 한국어를 어색한 중국어처럼 들리게 표현함으로써 유머의 진수를 보여 준 것도 인상적이지만, 디지털 상거래에 대한 소비자 혜택을 흥미롭게 표현한 점은 이 광고가 지닌 미덕이었다.

화승의 아웃도어 브랜드 머렐(Merrell) 광고 '신세계' 편(2016)에서는 황정민이 주연한 영화 〈신세계〉(2012)에서 결코 잊을 수 없는 엘리베이터 격투 장면을 차용했다([그림 11−3] 참조). 한국 영화사에 길이 남을 엘리베이터 안에서의 격투 장면을 그

[그림 11−3] 화승 머렐 광고 '신세계' 편(2016)

대로 재현한 것이다. 광고에서 뮤지컬 배우 정상훈은 칼 대신 머렐의 트레킹화 '볼트보아'를 들고 열연했다. 이 광고에서 비좁은 엘리베이터 안의 격투 장면은 아웃도어 업계의 치열한 생존 경쟁을 비유한 상징 코드다. 심각한 상황에서도 "어이 브라더! 드르와~ 너, 나하고 일 하나 같이 하자!"라고 하는 맛깔나는 카피나, 피 튀기는 잔인한 장면을 빨간색 운동화 끈으로 각색하는 솜씨는 실제 영화와 다른 광고만의 분위기를 보여 주며 소비자들의 폭소를 유발하기에 충분했다.

영화 포스터를 광고에서 차용하는 경우도 있다. 예를 들어, SPC그룹 배스킨라빈스의 페이스북 광고 '배라화' 편(2016. 4. 28.)은 [그림 11-4]와 같이 영화 〈해어화(解語花)〉의 포스터를 패러디했다. 일제강점기 시절에 가수를 꿈꾼 마지막 기생의 이야기를 그린 영화의 포스터에서 디자인 형태와 카피를 그대로 본떠 오고, 배스킨라빈스를 '배라화'로 명명하면서 영화 제목까지 암시했으니 표절이 아닌 패러디가 분명하다. 영화 포스터에 천우희, 한효주, 유연석 순으로 실려 있던 사진은 광고에서 레인보우 샤베트, 애플민트, 캡틴아메리카 아이스크림 순으로 사진이 대체되었다.

"미치도록 부르고 싶었던 노래"와 "그 노래가 내 것이어야 했다"라는 영화 포스터의 카피는 광고에서 "미치도록 먹고 싶던 상큼한 맛"과 "그 맛이 내 것이어야 했다"라는 카피로 패러디됐다. 그밖에도 페이스북 페이지에는 "믿거나 말거나, 지금 배스

[그림 11-4] 배스킨라빈스 광고 '배라화' 편(2016)

킨라빈스에서 절찬 상영중! 배라화를 지금 바로 만나 보세요~ #상큼한 아이스크림 한 입 먹으면 #나도 왠지 상큼해질 것만 같아 #마음만이라도 내 것이어야 했다 #배스킨라빈스 #배스킨라빈스 #배라 #배라" 같은 문자가 계속 등장했는데, 광고 창작자들은 영화 포스터를 차용하는 데 있어 망설임이 없었다.

광고를 차용한 영화

광고가 영화의 줄거리를 차용한 경우도 많지만, 영화가 광고에 빚진 경우도 있다. 백종열 감독의 영화 〈뷰티 인사이드〉

(2015)는 광고를 차용한 작품이다([그림 11-6] 참조). 한효주 주연의 이 영화는 자고 나면 날마다 다른 사람으로 바뀌는 남자 우진과 그가 사랑하는 여자 이수의 로맨스를 그려 냈다. 유연석을 비롯한 21명의 남자 배우들은 자고 일어나면 남녀노소와 국적을 가리지 않고 매일 다른 모습으로 깨어나는 우진의 캐릭터를 살려 내기 위해 흥미롭게도 21인 1역의 연기를 선보였다. 영화의 줄거리는 원작 광고의 흐름과 거의 유사하며 우리나라 상황에 맞게 바뀌었을 뿐이다.

영화의 원작 광고인 '뷰티 인사이드(The Beauty Inside)' 편 (2012)은 인텔과 도시바가 공동 제작한 6편의 소셜 광고다([그림 11-5] 참조). 즉, '안녕, 내 이름은 알렉스(Hello, My Name Is Alex)', '리아(Leah)', '오늘까지 아니면 안 돼(It Has To Be Tonight)', '도와주세요(Help Wanted)', '뭔가 보여 주고 싶어(I'd Like To Show You Something)', '내게 필요한 것(That's It For Me)' 같은 여섯 가지 일화로 구성된 연작 캠페인이다. 모두 보는데 37분 정도가 걸린다. 광고의 남자 주인공 알렉스는 매일 바뀌는 자기 모습을 영상으로 간직하려고 도시바의 노트북 캠으로 자기 얼굴을 녹화한다. 중간중간 노트북 화면에 다양한 인종과 성별의 바뀐 얼굴이 등장하며, "인사이드, 늘 나야 나(Inside, I'm always me)."와 "내 안에 있는 게 가장 중요해(What's on the inside counts)." 같은 카피가 독백처럼 들려온다.

사람들은 마치 알렉스가 되었다는 듯이 생생한 표정 연기를 해냈다. 이 광고에서는 로맨스에 판타지 요소를 더해 메시지의 완성도를 높였다. 인텔은 '인텔 인사이드(intel inside)'라는 징글을 자연스럽게 녹여내며, 컴퓨터에 내장된 인텔칩처럼 내면이 중요하다는 사실을 속속들이 강조했다. 이 캠페인은 소비자들에게 브랜드 가치를 확산하는 데 기여했고(Intel News Release, 2012), 2013년 칸국제광고제에서 그랑프리를 수상했을 정도로 창의성을 인정받았다.[1] 그 후 서현진과 이민기가 주연한 드라

[그림 11-5] 원작 광고 '뷰티 인사이드' 장면들(2012)

---

1) 다음에서 6편의 광고를 시청할 수 있다. "Intel and Toshiba Present: The Beauty Inside". http://showcase.noagencyname.com/TheBeautyInside/

마 〈뷰티 인사이드〉도 제작되었다(JTBC, 2018). 광고와 영화에서와는 달리, 드라마에서는 여주인공이 매일 얼굴이 바뀐다는 설정이었다([그림 11-7] 참조). 그러니까 〈뷰티 인사이드〉는 광고에서 영화로, 다시 영화에서 드라마로 콘텐츠의 가치를 확장시켜 온 형세다.

나아가 광고인의 생활을 소재로 한 영화도 있다. 광고인들은 영화에서 숱한 영감을 얻었지만, 영화인 역시 광고에서 영감을

[그림 11-6] 영화 '뷰티 인사이드' 장면들(2015)

[그림 11-7] 드라마 '뷰티 인사이드' 장면들(2018)

얻은 경우도 많다. 광고는 영화의 소재로도 두루 활용되고 있
으니 이번에는 영화가 광고에 빚을 지고 있는 셈이다. 낸시 마
이어스(Nancy Meyers) 감독의 영화 〈왓 위민 원트(What Women
Want)〉(2000)에서 주인공 멜 깁슨은 광고회사에서 인정받는 기
획자(AE)인 닉의 역을 맡아 열연했다([그림 11-8] 참조). 그는 명
성과 돈을 동시에 거머쥐며 동료들의 부러움 속에서 살았는데
승진을 앞둔 시점에 벌어진 경쟁 프레젠테이션에서 경쟁사의
여직원인 달시에게 지고 말았다.

　역전할 방법을 찾던 닉은 여성의 심리를 이해하려면 스스로

여자가 되어 보는 수밖에 없다고 판단하고 실행에 옮긴다. 닉은 코팩을 하고 립스틱도 칠해 보고 스타킹을 신어 보기도 한다. 마침내 여자의 마음을 움직일 수 있는 광고를 기획할 수 있겠다는 자신감을 얻는 순간, 욕실 바닥에 넘어져 여성의 마음을 읽어 낼 수 있는 초능력을 얻게 된다. 그리하여 결국 여자가 원하는 것을 알게 되었고 진정한 사랑도 얻게 되었다는 것이 이 영화의 개략적인 줄거리다. 이 영화는 광고에서도 중시하는 소비자의 마음을 읽는 통찰력(insight)이 얼마나 중요한지 깊이 성찰해 보도록 일깨워 준다.

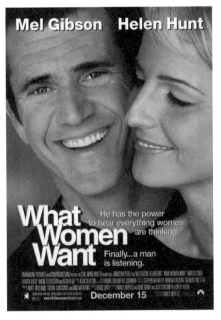

[그림 11-8] 영화 '왓 위민 원트' 포스터(2000)

이현승 감독의 영화 〈네온 속으로 노을지다〉(1995)에서도 광고인의 일상을 생생하게 재현했다([그림 11-9] 참조). 대학 선배 김원(김의성 분)이 운영하는 출판사에 취직한 상민(채시라 분)은 김원을 사랑하게 된다. 출판사가 폐업되자 사랑과 직장을 한꺼번에 잃게 된 상민은 광고회사 카피라이터로 새 출발을 시작한다. 상민은 서지훤 부장(양금석 분)과 광고감독 김규환(문성근 분)을 만나 냉정한 프로의 세계를 경험한다. 남녀 차별의 벽을 허물겠다며 이를 악물고 노력한 그녀는 마침내 능력을 인정받는다. 그녀는 중요한 프로젝트를 맡아 규환과 경쟁할 것인지 협조할 것인지 같은 감정적인 문제를 정리하고 일에 몰두한 끝에 경쟁 프레젠테이션에서 이긴다.

그러던 어느 날 김원이 불쑥 나타났다가 며칠 후 다시 말없이 사라진다. 프레젠테이션에 성공한 그녀는 잠시 휴식을 얻지만 정보가 누출되어 그동안의 노력과 수고가 물거품으로 사라져 버린다. 엎친 데 덮친 격으로 김원의 자살 소식을 듣고 실신해 병원으로 실려 간 그녀는 자신의 임신 사실도 알게 된다. 미혼모가 될지 모른다며 회사에서 사표를 종용하자, 그녀는 "임신이 왜 창피한 일이냐?"며 항변하고 출산을 강행한다. 시간이 흘러 아이를 안고 당당하게 출근하는 그녀의 모습이 등장하며 영화가 끝난다. 채시라의 영화계 진출작이라고 하며 제작 전부터 요란하게 소개되었지만 흥행에는 크게 성공하지 못한 영화다.

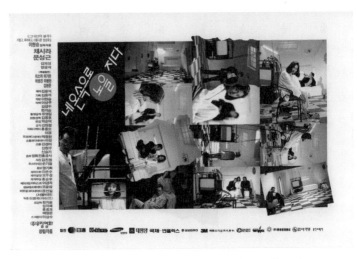

[그림 11-9] 영화 '네온 속으로 노을지다' 포스터(1995)

광고와 영화의 행복한 결혼

영국의 문화비평가 존 워커(John A. Walker)는 일찍이 이렇게 설파했다. "각 시대에는 오직 하나의 스타일만 있을 뿐이라는 모더니즘적 사고방식은 스타일의 다원성이 존재한다는 생각에 의해 거부된다. 절충주의와 이종교배(異種交配)의 복합적 스타일이 유행하게 된다. 하나의 스타일이 지배적으로 나타나는 법은 없다."(존 A. 워커, 1987). 이처럼 세상의 모든 콘텐츠가 각각 헤쳐 모이는 디지털 융합 시대에는 광고와 영화가 만나는 횟수도 갈수록 늘어날 것이다.

영화를 차용해서 광고를 만드는 가장 중요한 이유는 AIDMA (주목 Attention → 흥미 Interest → 욕구 Desire → 기억 Memory → 구매행동 Action)라는 광고효과 과정에서 주목이라도 끌어보겠다는 광고 창작자의 계산이 깔려 있기 때문이다. 광고와 영화 혹은 영화와 광고는 서로 맞보증을 서며 동고동락해 왔지만, 비판론자들은 쉬운 창작 방법을 선택했다는 이유로 차용 행태를 싸잡아 비판해 왔다. 차용 행태가 표절의 온상이 된다는 비판도 많았지만, 영화의 장면이나 줄거리를 찾아내 광고 문법으로 풀어내는 과정도 생각보다 쉽지 않다.

줄거리를 따오고 미장센(mise-en-scène)을 훔쳐오면 광고 한 편이 완성된다고? 절대로 그렇지 않다. 영화의 미장센을 훔쳐보되 상품의 드라마가 느껴지도록 과감히 해체하고 원작을 창조적으로 배신해야만 원작을 능가하는 광고 창작물을 만들어 낼 수 있다. 광고 브랜드의 특성에 알맞게 상황을 설정하고 누가 보더라도 수긍할 만한 개연성을 갖춰야 차용의 미학이 인정받을 수 있다. 나아가 광고가 영화를 단순히 차용하는 수준을 넘어서, 영화 줄거리를 새롭게 해석한 아이디어가 브랜드 가치를 키우는 데 기여해야만 비로소 광고와 영화의 행복한 결혼이 가능해진다.

광고 창작자들은 영화의 장면과 줄거리를 차용하면 영화의 유명세에 업혀 광고효과를 높일 수 있으리라 기대한다. 평범한 아이디어로 만든 광고는 소비자를 끄는 힘이 약하지만 영화를 차용하면 창의성은 떨어지더라도 영화의 기억 효과에 어느 정도는 업혀 갈 수 있다. "하늘 아래 새로운 것은 없다."는 성경 말씀에 기대면, 인류사의 모든 업적은 모방과 차용의 결과물이다. 광고 브랜드의 특성에 알맞게 상황을 설정하고 누가 보더라도 수긍할 만한 개연성을 갖춰야 차용의 미학이 인정받을 수 있다. 창조적으로 배신하는 차용의 미학이 존재할 이유가 있어야 한다.

영화를 차용한 광고나 광고를 차용한 영화는 패러디 창작물의 일종이다. 그 나름의 목적 때문에 필요한 파트너로 서로를 선택한 셈인데, 한발 더 나아가 처음부터 아예 광고영화(Ad-movie)를 만드는 사례도 있다. 광고영화에서는 상품이나 브랜드가 주인공으로 등장하는 경우가 많은 탓에, 얼핏 보면 광고라기보다 영화에 가깝다. 텔레비전 광고의 15초라는 짧은 길이를 늘리고 영화의 긴 시간을 줄였다는 점에서 광고영화는 광고 표현의 영토를 새롭게 확장시킨 장르라 할 수 있다.

광고 현장에서는 광고영화를 무버셜(Movercial)이라고 지칭한다. 영화(Movie)와 텔레비전 광고(Commercial)의 합성어다. 광고영화를 제품배치(PPL)로 오해하는 경우도 있지만 둘은 엄연히 다르다. 영화나 드라마 장면에 어떤 제품을 잠깐 노출하는 것이 PPL이라면, 무버셜에서는 제품이나 브랜드가 영화의 주인공으로서 핵심 소재로 활용된다. PPL과 개념이 전혀 다른 광고영화는 디지털 미디어 플랫폼에 안성맞춤이기 때문에 앞으로도 계속 창작될 것이다. 광고와 영화가 결혼해 낳은 신생아, 광고영화를 찬찬히 들여다보자.

브랜드를 전면에 내세운 광고영화

광고영화는 BMW의 인터넷 영화 〈고용인(The Hire)〉 시리즈가 성공하면서부터 본격적으로 주목받기 시작했다. BMW는 저명한 영화감독들에게 감독 특유의 스타일을 살려 단편영화를 제작해 달라고 의뢰하고 인터넷에서 개봉해 엄청난 성공을 거뒀다. 8편의 광고영화 시리즈에서는 액션, 코미디, 미스터리, 어드벤처 같은 영화의 여러 장르를 넘나들었고, 등장인물도 클라이브 오언(Clive Owen), 마돈나(Madonna), 게리 올드만(Gary Oldman), 토마스 밀리안(Tomas Milian), 제이미 해리스(Jamie Harris) 등 출연진도 화려했다. 8편 모두의 공통점은 영국 출신의 배우 클라이브 오언이 주인공 역을 맡았고, 영화의 줄거리를 이끌어 가는 핵심 소재로 BMW 자동차를 활용했다는 사실이다.

2001년 4월 26일, BMW는 추적 장면 영상의 대가인 존 프랑켄하이머(John Frankenheimer) 감독이 연출한 6분짜리 '매복(Ambush)' 편을 웹사이트에서 상영했다([그림 12-1] 참조). 시즌1의 시작인 '매복' 편의 줄거리는 대략 이렇다. 고속도로를 달리는 자동차 곁에 밴 한 대가 다가와 차를 정지시키더니 손님을 내놓으라고 협박한다. 손님이 200만 달러 상당의 다이아몬드를 훔쳤다는 이유였지만, 승객은 다이아몬드를 입으로 삼켜 버렸다고 말한다. 운전자가 갑자기 속도를 높이자 복면 쓴 괴한은 그 뒤를 추격한다. BMW의 다양한 기계적 성능이 카메라 워킹을 통해 유감없이 드러나고, 아슬아슬한 곡에 운전의 다채로운 묘기가 펼쳐지면서 자동차는 어느새 목적지에 도착한다.

이어서 이안(Ang Lee) 감독의 '선택(Chosen)' 편(6분), 왕가위(Wong Karwai) 감독의 '미행(The Follow)' 편(8분), 가이 리치(Guy Ritchie) 감독의 '스타(Star)' 편(7분), 알레한드로 곤살레스 이냐리투(Alejandro Gonzalez Inarritu) 감독의 '파우더 통(Powder Keg)' 편(8분)이 상영되었다. 시즌1의 구성은 대체로 클라이브 오언이 주연한 영화 〈운전자(The Driver)〉에서 착안했는데, 여러 사람에게 고용된 운전기사가 중요한 물건을 배송하는 내용이었다. 왕가위 감독의 '미행' 편에서는 부인의 외도를 의심하는 유명 영화배우가 운전기사를 고용해 부인을 미행하는 이야기가 흥미진진하게 펼쳐진다. 시즌1은 엄청난 성공을 거뒀다.

시즌1의 대성공에 고무된 BMW는 2002년 10월에 시즌2를 공개했다. 시즌2는 토니 스콧(Tony Scott) 감독의 블랙 코미디 영화인 〈비트 더 데블(Beat the Devil)〉에서 모티브를 얻어 제작되었다고 한다. BMW는 시즌2에서 오우삼(John Woo) 감독의 '인질(Hostage)' 편(9분), 조 카나한(Joe Carnahan) 감독의 '시간 표시기(Ticker)' 편(9분), 토니 스콧(Tony Scott) 감독의 '비트 더 데블(Beat the Devil)' 편(9분)을 내보냈다. 클라이브 오언은 여러 광고영화에서 베일에 싸인 BMW 운전기사로 등장했고, 그를 고용한 사람들을 둘러싼 이야기를 흥미롭게 풀어 나갔다.

BMW 광고영화는 2003년 6월까지 4,500만 번 이상 시청되었고, 2001년과 2002년 사이에 BMW의 판매량은 17.2퍼센트나 증가했다. 이 영화를 보려고 200만 명 이상이 BMW 웹사이트에 가입했다(Vervroegen, 2011). 미국 최대의 위성TV 사업자인 다이렉트TV(Direct TV)는 시즌2의 출시에 맞춰 BMW 광고영화 8편의 방영권을 모두 구매해, 방송 시간이 빌 때면 광고영화 8편을 30분씩 방송해 시청자를 붙잡았다. 이 광고영화의 유료 판매는 텔레비전 광고시장의 변화를 알리는 서막에 불과했다. 이 광고영화는 콘텐츠만 좋다면 텔레비전이 아닌 디지털 플랫폼에서도 영상물을 얼마든지 효과적으로 노출할 수 있다는 사실을 미디어 관계자들이 자각하도록 했다.

리들리 스콧(Ridley Scott) 감독이 제작한 코카콜라의 광고영화 '북극곰(Polar Bears)' 편(2013, 7분)은 지난 1993년에 제작된

[그림 12-1] BMW '고용인' 시리즈 장면들(2001~2002)

'언제나 코카콜라(Always Coca-Cola)' 캠페인의 20주년을 기념하
는 성격이 강했다([그림 12-2] 참조). 코카콜라 북극곰은 1922년
에 프랑스 광고에서 처음 등장한 이후 70년 동안 산발적으로
사용되었다. 1993년의 광고 제작자 켄 스튜어트(Ken Stewart)는

처음에 래브라도 리트리버에서 '북극광(Northern Lights)'이라는 획기적인 광고 아이디어를 얻었다. 광고에서 귀엽고 포근한 북극곰들은 북극의 오로라를 보며 코카콜라를 마셨다. 귀여운 북극곰들의 연기력은 웬만한 영화 이상으로 감동적이었다.

2013년의 코카콜라 광고영화는 리들리 스콧 감독과 코카콜라의 컬래버레이션 작품이다. 연출을 맡은 존 스티븐슨(John Stevenson) 감독은 7분짜리 단편 애니메이션에서 천방지축으로 뛰노는 북극곰 잭(Jack)을 중심으로 벌어지는 북극곰 가족의 훈훈한 스토리를 형상화했다. 이 광고영화에서는 코카콜라를 직접 자랑하지 않지만, 장면마다 곰들이 코카콜라 병을 들고 등장하기 때문에 브랜드를 전면에 내세운 광고영화라 할 수 있다. 북극곰 가족이 주인공으로 등장하기 때문에 소비자들은 저절로 '북극곰=코카콜라' 식으로 브랜드를 연상할 수밖에 없

[그림 12-2] 코카콜라 '북극곰' 편(2013)

12 광고영화 혹은 무버셜

다. 컴퓨터 그래픽으로 완성한 애니메이션 영화지만 실사 촬영 이상의 생생한 화질 때문에 관객들로부터 호평을 받았다.

브랜드를 이면에 숨긴 광고영화

브랜드를 전면에 내세우지 않고 은밀하게 숨기는 광고영화도 있다. 삼성전자의 광고영화 '메모리즈(MEMORIES)' 편(2019, 36분)은 유튜브 채널에 공개되었다([그림 12-3] 참조). 꿈을 그려 내는 능력을 가진 일러스트레이터 현오(김무열 분)와 꿈속을 걷는 연극배우 주은(안소희 분)이 꿈과 기억을 담는 메모리칩 이야기를 간접적으로 전달하는 판타지 영화다(Samsung Electronics, 2019). 영화가 시작되면 현오는 꿈을 실험하는 연구에 자원한다. 연구원들(오정세와 박지영 분)은 반도체 메모리칩에 대해 피험자의 꿈을 저장하고 타인의 꿈을 풀어내는 장치라고 설명한다. 5분 정도 남자에 대한 인터뷰를 진행한다. "저한테 꿈은 제가 오늘 있었던 일을 기억하는 것만큼은 기억을 하는 것 같아요." "꿈인 것을 인지하는 순간에는 저도 보통 그 꿈에서 튕겨져 나와요." 영화에서는 반도체 이야기를 간접적으로 풀어 나갔다.

현오는 연구원들에게 꿈속에서 만난 주은에 대해 이야기하고, 주은은 고등학교 연극부 시절을 회상하며 이렇게 고백한다. "죽은 새를 두 손으로 감싸고 있는 장면이었는데, 울면 안되는데 눈물이 났어요. 그때 연기를 하고 싶었어요." 연구원들은 꿈에 대해 설명하며 현오에게 리더스의 멤버가 되라고 권유한다. "저희에게 지원한 피실험자 중 한 명의 꿈의 이미지가 현오 님의 꿈을 변형시킨 겁니다." "리더스는 꿈을 읽는 사람들을 말해요. 꿈을 읽고 기억할 수 있는 사람들." "리더는 꿈을 저장할 수 있다는 것에 대한 증인이면서, 많은 사람의 꿈을 지켜보는 것으로 사회적인 기능을 할 수 있습니다." 잔잔하게 흘러가면서도 묘한 긴장감이 흐르는 가운데, "우리가 꿈을 꾸지 않는다면 아무 일도 일어나지 않을 것이다(Nothing happens unless first we dream)"라는 칼 샌드버그[1]의 어록이 나오며 영화가 끝난다.

이 광고영화는 삼성전자에서 제작했지만 그 흔적을 찾기 어렵다. 삼성전자가 메모리 반도체를 생산하기 때문에 기억과 꿈을 연결하는 매개체로 반도체를 활용했지만, 삼성에 관련되는 메시지는 5분 46초쯤에 딱 한 번 등장하는 '삼성전자 제공'이라는 자막과 딱 한 번 등장하는 메모리 반도체 모양 정도다. 자막의 크기도 매우 작고 반도체도 삼성 로고가 없는 미래형 디자

---

1) 칼 샌드버그(Carl Sandburg, 1878~1967)는 미국의 시인, 작가, 역사가다. 시카고의 신문 『시카고 데일리 뉴스(Chicago Daily News)』의 기자로 활동하면서 야성적인 시를 썼다. 1939년에 완성한 『에이브러햄 링컨전(傳)』 6권은 1940년 풀리처상(역사 부문)을 받은 역작이다. 그는 시집 『시카고의 시편』(1916)을 통해 1951년 풀리처상(시 부문)을 받았고, 반세기 이상 미국 시단에서 활약한 시인이다.

[그림 12-3] 삼성전자 '메모리즈' 편(2019)

인이라 주의 깊게 보지 않으면 쓱 지나쳐 버릴 정도다. 마지막 부분의 "데이터로 저장된 무한한 꿈의 세계"로 떠나자는 말이 거의 유일한 판매 메시지였다. 이 영화를 '삼성전자 뉴스룸'의 유튜브에서 상영하지 않았다면 판타지 영화를 봤다고 착각할 정도로 삼성전자를 은밀하게 숨겼다. 이 광고영화는 유튜브에 공개된 지 하루만에 340만 조회 수를 기록하는 기염을 토했다.

카스맥주의 광고영화 '아오르비(AORB)' 편(2019, 15분)은 영화감독 바닐라가 연출해 유튜브에 올린 상호작용 영화다([그림 12-4] 참조). "선택희비극"이라는 부제처럼 관객의 선택에 따라 결말이 바뀌고, 주인공 최우식을 비롯한 이정현, 이정은, 리아의 연기도 선택에 따라 180도 달라진다. 거대한 스크린에 빅브라더가 등장하면 내레이션이 흐른다. "선택은 정부에게 맡기세요." "물질 풍요의 시대. 끊임없는 선택의 연속은 병리적인 현상으로 이어졌고 이에 정부는 개인의 선택을 직접 통제하기로 결정. 마침내 선택의 고통에서 해방된 시대가 찾아왔지만 그 모습은 그들이 정말 바라던 것일까?" "전혀 기대 안 되는 식사 시간. 한결같은 메뉴들은 한결같이 엉망이었다. 앞으로 벌어질 일들에 비하면 아무것도 아니었지만 알 수 없는 불꽃보다 놀란 건 선택 장치에서 한 번도 본 적 없는 메시지. 인생 첫 번째 선택의 기로." 최우식이 통제 국가에서 탈출해 '야쓰랜드(YASS LAND)'로 자유를 찾아 떠난다는 내용이다(Cass, 2019).

관객은 '그냥 살던 대로 살자…'는 옵션(YAASS 1-A)을 클릭해, "난 마음을 진정하고 다시 더럽게 맛없는 것에 순응하며 그냥 그렇게 살기로 했다"는 내용을 볼 수 있다. 여기에서 더럽게 맛없는 것이란 카스맥주다. 아니면 'YASS-LAND를 찾아 떠나자'는 옵션(YAASS 1-B)을 클릭해, 도망자를 잡으려고 탱크를 동원해 쫓고 쫓기는 장면을 볼 수 있다. "탈출하는 사람이 처음이기에 쫓는 이에게도 처음인 추격전이 시작됐다." "거대한 뿔 뒤에 감춰진 더욱 거대한 존재. 선택의 시간이다." 관객은 1분 정도 보고 나서 다시 '횃불을 켜 탈출로를 찾는다'(YAASS 2-A)와 '더킹으로 피해 뒤로 돌아 백쵸크로 간단히 제압'(YAASS 2-B)하는 옵션을 선택한다. 클릭해서 다시 영화를 보다가 다시 '날아오는 포탄을 리오넬 호나우두급 트래핑'(YAASS 3-A)으로 피하거나 '제정신? 빨리 차타고 도망쳐'(YAASS 3-B)를 선택할 수 있다. 한참 영화를 보다가 다시 '뭔가 이상하긴 한데 일단 당근으로 말을 회유'(YAASS 4-A)하거나 '침대 밑으로 숨자. 침대는 과학'(YAASS 4-B)을 클릭해 영화가 끝났나 싶었더니, '좌측 링크로 다시 돌아가라'고 한다. 광고영화를 끝낼지 말지도 관객 스스로 결정하는 구조다.

이 광고영화는 사소한 결정도 하지 못하는 결정장애 세대에게 자신의 선택을 즐기라는 '야스(YAASS) 캠페인'의 차원에서 기획되었다. 〈아오르비〉라는 제목도 선택을 뜻하는 'A or B'를 밀레니얼 세대의 어법으로 표현한 것이다. 관객의 선택에 따라 주인공의 운명이 달라지는 이 영화에서 다섯 번의 선택 결과에

[그림 12-4] 카스맥주 '아오르비' 편(2019)

따라 각각 다른 이야기를 접할 수 있다. 이 영화는 유튜브에 상영한 지 25일 만에 400만 뷰를 돌파했는데, 관객이 줄거리를 선택한다는 점에서 상호작용성을 진정으로 현실화시킨 실험 영상이자 더욱 진화된 광고영화로 평가할 수 있다.

이기적 유전자의 신생아

광고영화 혹은 무버셜은 광고와 영화의 경계를 허물고 혼종(hybrid) 창작의 새로운 가능성을 보여 주었다. 브랜드 메시지를 영화 문법으로 풀어내기 때문에 소비자에게 더 자연스럽게 다가갈 수 있고, 공감을 유발하는 데도 그래서 더 효과적일 수밖에 없다. 2001년에 등장한 BMW 광고영화는 지금처럼 디지털 미디어 플랫폼이 부상하는 데 결정적인 영향을 미쳤다. 이 캠페인을 지켜본 광고인들은 텔레비전을 능가할 온라인 플랫폼의 등장에 흥분을 감추지 못했고 영상 미디어의 확장 가능성을 예견했다.

브랜드 메시지를 전달하는 방법이나 미디어 포맷에 있어서 광고영화와 제품배치(PPL)는 상당한 차이가 있다. 간접광고인 PPL 메시지는 광고라고 느껴지지 않게 하면서도 광고효과를 노릴 수 있지만, 직접광고인 광고영화에서는 그러한 광고효과를 기대하기 어렵다는 연구 결과도 있었다(이현우, 2006). 그렇지만 광고영화가 처음 등장했던 초창기에 비해 지금은 상황이 완전히 달라졌다. 광고영화의 예술성과 완성도만 뛰어나다면 브랜드 메시지를 이면에 숨긴 광고영화에서도 광고주가 바라는 광고효과를 기대할 수 있을 만큼 수준이 높아졌다.

광고영화는 광고와 영화에서 각각 이기적 유전자끼리 만나 새로운 종(種)을 탄생시킨 신생아다. 유전학자나 동물행동학자들은 사람의 몸속에 문화적 유전자가 있다고 했다. 일찍이 리처드 도킨스(Richard Dawkins)는 『이기적 유전자』(1976)의 마지막 장에서 '밈(meme)'이라는 새로운 복제자 개념을 제시했다. 밈이란 지성과 지성 사이에서 전달되는 문화 정보의 복제자이다(리처드 도킨스, 2018). 도킨스는 문화의 진화에서도 유전자 같은 복제 단위가 있다고 가정하고 새로운 자기 복제자를 밈이라고 불렀다. 광고의 상업성과 영화의 예술성이 만나 브랜드 이야기를 광고 같지 않게 전개한다는 점에서, 광고영화는 이기적 유전자가 만들어 낸 새로운 종이다.

브랜드를 전면에 내세우지 않고 은밀하게 숨기는 광고영화는 브랜드를 전면에 내세우는 광고영화에 비해 더 놀라운 영화적 상상력이 필요하다. 그뿐 아니라 광고영화에서도 한두 번은 제품이나 브랜드를 설명해야 하는데, 어느 순간에 언급할 것인지 그 시점을 결정하는 판단력도 중요하다. 나아가 제품과 브랜드 메시지를 가급적 자주 언급하고 싶은 욕구를 절제하는 인내심도 필요하다. 광고로 느껴지지 않아 거부감이 없으면서도 한번만 언급해도 브랜드 메시지가 강하게 남기 때문에 감동적인 광고영화를 창작하기란 생각처럼 쉽지 않다. 전문가의 솜씨가 그래서 더 중요해졌다.

핵심 체크

텔레비전 광고의 15초라는 짧은 길이를 늘리고 영화의 긴 시간을 줄였다는 점에서 광고영화는 광고 표현의 영토를 새롭게 확장시킨 장르다. 영화나 드라마 장면에 어떤 제품을 잠깐 노출하는 것이 PPL이라면, 광고영화에서는 제품이나 브랜드가 영화 주인공처럼 핵심 소재가 된다. 광고와 영화에서 각각 이기적 유전자끼리 만나 새로운 종(種)으로 태어난 광고영화는 광고와 영화의 경계를 허물고 혼종 창작의 새로운 가능성을 보여 주었다. 브랜드 메시지를 영화 문법으로 풀어내기 때문에 소비자에게 자연스럽게 다가갈 수 있고 공감을 유발하는 데도 효과적이다.

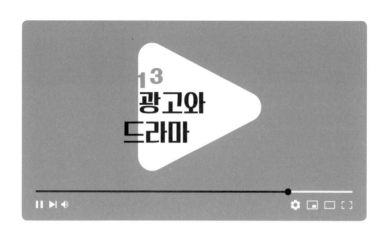

13
광고와
드라마

드라마를 방송하는데 광고가 붙어야 한다는 점에서 둘은 불
가분의 관계지만, 창작 측면에서도 광고와 드라마는 깊은 영향
을 미쳐 왔다. 광고와 드라마는 오랫동안 친인척 관계였다. 미
국의 전설적인 광고인 레오 버넷(Leo Burnett, 1891~1971)은 모
든 상품마다 나름대로의 독특한 극적인 요소가 들어 있는데 상
품의 내재적 드라마(inherent drama)를 발견하는 것이 광고의
요체라고 주장했다(Burnett, 1961). 광고인은 상품만이 갖는 고
유한 이야기를 찾아내 흥미로운 이야기로 풀어내야 한다는 뜻
이었다.

광고와 드라마는 이처럼 이야기 구조를 중시한다는 공통적
인 특성이 있다. 그래서 광고를 가리켜 '15초의 드라마'라고

하며, 텔레비전 광고 아이디어를 그려 놓은 얼개를 '이야기판 (story board)'이라고 부른다. 브랜드 스토리를 흥미롭게 만들어 소비자에게 전달하는 광고인들은 어쩌면 이야기를 파는 비즈니스맨에 가깝다. 광고와 드라마가 친인척 관계로 만나는 친연성(親緣性)을 찾아가 보자.

드라마를 차용한 광고

우리나라에서 드라마 형식의 광고로는 단연 대우전자의 '신대우가족' 캠페인을 꼽는다. 그 전에도 오리온의 투유 초콜릿 광고나 해태음료의 크리미 광고를 3~4편 만들었지만 10편 이상의 드라마 광고는 '신대우가족' 캠페인이 처음이었다. [그림 13-1]에서 확인할 수 있는 캠페인의 핵심 아이디어는 대우전자를 상징하는 가상의 가족 드라마를 설정해 대우전자 제품을 가족의 일상에서 자연스럽게 소개하는 데 있었다.

이 캠페인은 제1편인 프롤로그(1991. 8. 31.~9. 13.)로 시작해서 제13편인 결혼식(1992. 2. 22.~3. 13.)에 이르기까지 6개월 넘게 방영되었다(백승화, 1992). 극본은 신달자 시인이 쓰고 연출은 이장호 감독이 맡았다고 되어 있지만, 실제로는 당시에 광고회사 코래드에서 일하던 백승화 기획자와 최진수 PD가 주도했다. 어쨌든 대우전자의 '신대우가족' 캠페인은 가족 간에

[그림 13-1] 대우전자 '신대우가족' 캠페인(1991~1992)

벌어지는 일화 속에 가전제품을 친숙하게 소개함으로써 대단한 주목을 끌었다.

　드라마는 광고의 단골 소재로 자주 차용되어 왔다. 버거킹 광고 '사딸라' 편(2019)은 SBS의 드라마 〈야인시대〉(2003)에 상당한 빚을 졌다([그림 13-2] 참조). 드라마에서는 김두한(김영철 분)이 미군과 협상할 때 "사딸라"를 고집해 결국 목적을 달성해 내는 장면이 나온다. 그 장면은 지금도 밈(Meme, 유행어나 행동을 모방해 만든 사진이나 영상)이나 짤방(잘림 방지용 사진)으로 활용되고 인터넷에서 재생산되고 있다. 광고 창작자들은 밈과 짤방을 좋아하는 세태에 주목한 끝에 "사딸라"를 16년 만에 소환했다.

[그림 13-2] 버거킹 광고 '사딸라' 편(2019)

배우 김영철이 버거킹 매장에 들어가 직원에게 햄버거 세트를 주문하는 장면에서 광고가 시작된다. 직원이 "세트 하시면 가격은" 하며 가격을 안내하자, 김영철이 다짜고짜로 "사딸라"를 주장한다. "사딸라.", "이거 세트 메뉴인데!", "사딸라!", "이러시면 안 돼요." 막무가내로 4달러를 주장하는 김영철의 위세에 눌려 직원은 지쳐 포기해 버린다. "그럼, 4,900원으로 하시죠!", "오케이, 땡큐!" 계속 4달러를 외친 끝에 원하는 대로 협상을 마무리하는 유쾌한 내용이다. 종일 세트 가격을 설명하는 "ALL DAY KING 4,900원"이라는 장면에서 끝나는가 싶었더니, 다시 김영철이 나와 "1,000원만 추가하면 패티가 2장!"이라고 외치며 광고가 마무리된다.

이 광고는 드라마에서의 협상 장면을 패러디했다. "사딸라"는 〈야인시대〉 이후 김두한 식의 협상이라는 유머 코드로 인기를 끌었다. 광고 창작자들은 네티즌이 좋아하는 웃음 코드에 착안해, 고객이 직접 가격을 흥정해 햄버거를 산다는 발상의 전환을 시도했다. 드라마 속의 대사와 황토색 의상을 광고에서 그대로 재현함으로써 패러디의 의도를 기탄없이 드러냈다. 소비자들이 원하는 시간과 가격에 햄버거를 판다는 광고 메시지를 드라마의 '사딸라' 장면에 투영한 셈이다. 이 광고가 노출된 다음부터 올데이킹의 매출은 50~70%까지 상승했다.

JTBC의 드라마 〈스카이캐슬〉(2018. 11.~2019. 2.)의 명장면이나 배우들의 대사도 여러 광고에 차용되었다. 이 드라마의 배우들은 주연과 조연을 가리지 않고 거의 모두가 광고 모델로 활약했다. 아역배우 오아린과 〈스카이캐슬〉의 코디네이터 김서형이 출연한 바디프랜드 하이키 광고 '큰 사람' 편(2019)을 보자([그림 13-3] 참조). '높은(high)'과 '키(key)'의 합성어인 하이키는 성장기 어린이와 청소년용 안마 의자 브랜드다. 오아린이

[그림 13-3] 바디프랜드 하이키 광고 '큰 사람' 편(2019)

13 광고와 드라마

인상을 찌푸리는 장면에서 광고가 시작된다. 책상 옆에 어른
두 명이 시중들고 서 있다. "내가 이 나라의 큰 사람이 되어야
하는데, 제대로 된 방법을 가져오란 말이야." 화를 내는 오아린
의 표정이 깜찍하다. 이때 코디네이터 김서형이 등장해 드라마
에서처럼 냉정한 목소리로 이렇게 말한다. "그렇다면 전적으로
저를 믿으셔야 합니다. 하이키를 믿으셔야 합니다. 하이키는
쑥쑥 모드와 브레인 마사지로 가능성을 키워 주는 성장기 청소

[그림 13-4] 드라마 '스카이캐슬'의 대사에서 차용한 광고 카피

년의 안마 의자입니다. 큰 사람이 되세요."

드라마 〈스카이캐슬〉에서 학습 코디네이터 역으로 인기를 끈 김서형의 대사를 따온 카피도 많았다([그림 13-4] 참조). 드라마를 차용한 광고가 분명하다. 염정아와 김서형을 비롯하여 〈스카이캐슬〉에 출연한 배우들은 여러 브랜드의 광고 모델로 활약했다. 염정아가 나온 웅진씽크빅 AI수학 광고에서는 드라마에서 딸의 교육을 위해 적극 헌신하던 곽미향의 특성을 그대로 녹여냈다. 윤세아와 김병철은 팔도 왕뚜껑의 모델로 출연했다. 광고에서 윤세아가 남편의 교육 방식에 분노해 "오늘은 왕뚜껑이에요."라며 밥 대신 라면을 준비하자, 김병철은 이를 못마땅하게 여기다가 이내 왕뚜껑의 맛에 감탄해 흐뭇해한다는 내용이다. 예빈과 예서 역을 맡았던 김혜윤과 이지원은 롯데하이마트 'IT가전 페스티벌' 편의 광고 모델로 활약했다. 이처럼 드라마에 출연한 배우들이 광고에 활용되는 이유는 드라마의 화제성과 배우의 인기가 상호작용을 일으켜 광고효과를 높여주리라고 기대하기 때문이다.

광고를 차용한 드라마

광고는 종종 드라마의 소재로도 활용되었다. 미국에서 선풍적 인기를 끌었던 드라마 〈매드맨(MAD MEN)〉 시즌6(2013)에서는 광고 프레젠테이션 장면을 생생하게 묘사했다([그림 13-5] 참조). 이 드라마에서는 유명한 광고 제작자의 일과 사랑 그리고 권력욕을 그려 냈는데, 2007년의 시즌1부터 시작해서 2015년에 시즌7로 끝날 때까지 에미상과 골든글러브상을 수상할 정도로 수작이었다. 핵심 내용은 1960년대 뉴욕의 매디슨가에 밀집된 광고회사들의 시시콜콜한 이야기다. 광고회사 스터링 쿠퍼 드레이퍼 프라이스(Sterling Cooper Draper Pryce)의 광고 기획자인 돈 드레이퍼(Don Draper)의 성공 욕구와 내적 방황이 시청자들을 사로잡았다(김병희, 2018).

[그림 13-5] '매드맨' 시즌6에서 돈 드레이퍼의 프레젠테이션 장면(2013)

2013년에 방영된 〈매드맨〉의 시즌6에서 돈 드레이퍼(존 햄분)는 하인즈 경영진을 대상으로 하인즈 케첩(Heinz Ketchup) 프레젠테이션을 한다. 프레젠테이션의 핵심 아이디어는 제품 패키지를 보여 주지 않는다는 것으로 돈 드레이퍼는 광고에서 제품을 보여 주지 않고 "하인즈 좀 건네줘(Pass The Heinz)"라는 헤드라인만으로 제품을 떠올리게 하자고 제안한다. 다 보여 주지 않고 여운을 남겨야 오히려 소비자들이 더 잘 기억한다는 것이 전략의 요체였다. 하지만 경영진들은 그의 제안에 어이없다는 표정을 지으며 자리를 박차고 일어서 버린다.

그는 광고주의 제품을 기억하게 하는 데 기여하는 최고의 것은 사진이나 그림이 아닌 소비자의 상상이라고 주장한다. 상상은 예산의 규모나 시간 제약도 받지 않기 때문에 소비자의 상상 공간에 들어가기만 한다면 온종일 광고를 하는 셈이나 마찬가지라는 뜻이었다. "케첩을 보지 않아도 온종일 케첩을 생각하게 되겠죠(You're going to be thinking about ketchup all day, and you didn't even see it)." 그는 마지막까지 이렇게 말하며 광고 아이디어를 설명하지만 광고주를 설득하는 데 끝내 실패한다. 여기까지가 드라마에서 구성한 프레젠테이션 상황이다.

그 후 하인즈 케첩은 드라마에서 50년 전에 광고주가 거절했던 아이디어를 2017년에 다시 되살려냈다. 〈매드맨〉 10주년을 기념해 드라마에서 승인받지 못했던 아이디어를 되살려 치즈버거([그림 13-6] 참조), 프렌치프라이([그림 13-7] 참조), 스테이크([그림 13-8] 참조)를 소재로 세 편의 인쇄광고를 만들어 『뉴욕 포스트』에 신문광고를 게재했다. 소셜 미디어 채널을 통해 잊혀진 광고 아이디어의 부활을 알렸다(Nudd, 2017). 광고에 케첩 제품은 보여 주지 않고 "하인즈 좀 건네줘(Pass The Heinz)"라는 헤드라인만 썼다. 〈매드맨〉의 프레젠테이션 현장에서 제시했던 것과 똑같은 광고다. 드라마에 제품을 협찬해 자연스럽게 브랜드를 노출하는 것이 제품배치(PPL)인데, 이 광고에서는 드라마에서 구성한 상황을 실제 광고로 부활시킨 역사상 최초의 역 PPL(reversed PPL)을 시도했다. 여러 광고 전문지에서는 그동안의 하인즈 캠페인 중에서 가장 효율적인 캠페인이라고 평가했다.

[그림 13-6] 하인즈 케첩 광고 '치즈버거' 편(2017)

[그림 13-7] 하인즈 케첩 광고 '프렌치프라이' 편(2017)

[그림 13-8] 하인즈 케첩 광고 '스테이크' 편(2017)

국내에서도 KBS2의 드라마 〈광고천재 이태백〉(2013. 2. 4.~3. 26.)에서 그림에 타고난 재능을 가진 통영시 출신의 이태백이 지방대학교 중퇴자라는 차별에 도전하면서 광고인으로 성공해 나가는 이야기다(〔그림 13-9〕 참조). 시각화의 천재이자 강력한 정신력의 소유자인 이태백(진구 분), 금산애드 강한철 대표의 외동아들로서 탁월한 전략가인 애디 강(조현재 분), 언어 감각이 뛰어난 카피라이터인 백지윤(박하선 분), 미국의 명문 광고학교 출신으로서 금산애드의 광고 기획자인 고아리(한채영 분)가 출연해 광고회사의 실상을 적나라하게 보여 주었다.

광고인을 꿈꾸는 태백은 경력이 일천해 면접시험을 볼 때마다 실패한다. 결국 작은 간판 업체에 입사한 태백은 금산애드의 옥외 광고물 시안을 무시한 채 자신의 뜻대로 설치하다 문제를 일으킨다. 그러자 금산애드의 인턴 사원인 백지윤은 당황해하며 태백을 돕기 위해 발 벗고 문제 해결에 나선다. 최고의 카피라이터를 꿈꾸는 지윤은 실제로는 대기업으로 유명한 BK 그룹의 백 회장(장용 분) 딸이지만, 카피라이터의 꿈을 실현하려고 힘든 인턴 생활을 피하지 않는다. 그녀는 부잣집 딸이라는 현실에 안주하지 않고 밑바닥부터 시작해서 꿈을 이루어 가는 도전적인 모습을 보여 준다.

그 후 태백은 지윤과 가까워지려고 BK애드에 입사한다. 그러나 애디와의 결혼을 준비하고 있던 그녀는 마음을 쉽게 열어 주지 않는다. 그러자 태백은 지윤의 마음을 얻기 위해 자기 인생에 있어서 가장 중요한 프레젠테이션을 준비한다. 이처럼 〈광고천재 이태백〉에서는 광고회사를 배경으로 사랑 이야기를 적절하게 버무려 광고업계의 치열한 면모를 생생하게 보여 주었다. 하

[그림 13-9] 드라마 '광고천재 이태백'의 장면들(2013)

지만 이 드라마에서는 광고인의 세계를 너무 낭만적으로 묘사한 측면도 있다. 광고를 소재로 활용한 드라마에서 광고 현장을 지나치게 낭만화하면 현실과 동떨어지므로 수위 조절을 잘 해야 한다는 반면교사로 삼을 만한 드라마다.

광고 속 퍼블리시티권 침해의 문제

광고에서 이야기의 구성력이 중요해지자 스토리텔링에 대한 관심이 폭발적으로 증가했다. 드라마형 광고에서도 화자(話者)가 누구이며 어떤 시점에서 스토리를 구성했는지가 중요할 수밖에 없다(Mulvey & Stern, 2004). 광고 모델은 드라마 속의 화자를 흉내 내기 때문에 동일인이 광고와 드라마에 동시에 출연하지 않는 한 퍼블리시티권을 침해할 가능성이 높다. 퍼블리시티권이란 성명, 초상, 목소리, 이미지, 캐릭터 같은 개인의 인격적인 요소가 만드는 재산적 가치를 허락 없이 상업적으로 이용하지 못하도록 통제할 수 있는 배타적 권리다.

따라서 퍼블리시티권의 핵심은 상업적 이용의 허락 여부와 인격권의 침해 여부에 달려 있다. 이재진(2018)은 인격권 침해와 관련되는 핵심 주제인 공인(公人)의 개념에 대해 법원과 언론과 국민 사이에 합의가 이루어지지 않았다고 진단하고, 연예인이 공인인지 아닌지에 대한 견해도 팽팽히 맞서고 있다고 보고했다. 따라서 광고와 드라마의 친연성(親緣性)을 자연스럽게 받아들이면서도 선을 넘지 않으려는 정교한 판단이 중요할 수밖에 없다.

"더페이스샵을 카톡플친으로 들이셔야 합니다."(The Face Shop), "어머님!! 쏠리치 자산관리를 폰에 들이십시오!!"(신한은행), "어머님, 이너주스 푸룬을 전적으로 화장실에 들이십시오."(이너주스) 이처럼 드라마 〈스카이캐슬〉의 입시 코디네이터인 김서형의 대사를 따온 광고 카피가 두루 차용되고 있다. "어머님, ○○를 집에 들이십시오"나 "그렇다면 전적으로 ○○를 믿으셔야 합니다"와 같은 드라마의 명대사가 상업적 용도로 쓰이면 「저작권법」 위반에 해당될 수 있다.

광고 창작자들이 정당한 저작권 비용을 지불하지 않고 배우의 얼굴이나 드라마의 대사를 차용하면 엄청난 대가를 치룰 가능성이 높다. 따라서 사전에 인격권 사용에 대한 이용 허락을 얻는 절차를 반드시 거쳐야 한다. 법원에서 아직은 이 문제에 비교적 너그러운 편이다. 한 문장 정도의 차용은 「저작권법」에 위배된다고 볼 수 없고, 일상생활에서 유사한 표현이 자주 사용될 경우 저작성이 부인된다는 대법원 판례도 있다. 하지만 앞으로는 광고와 드라마 사이에서 퍼블리시티권을 명시적으로 인정할 가능성이 높아지고 있다. 드라마의 한 장면을 차용하고 싶을 때마다 광고 창작자들이 퍼블리시티권 문제에 대해 심사숙고해야 하는 이유도 그 때문이다.

✓ 핵심 체크

드라마를 방송하는데 광고가 붙어야 한다는 점에서 둘은 불가분의 관계지만, 창작 측면에서도 광고와 드라마는 깊은 영향을 미쳐 왔다. 광고와 드라마는 이야기 구조를 중시하는 친인척 사이다. 광고를 '15초의 드라마'라고 하고, 텔레비전 광고 아이디어를 그려 놓은 얼개를 '스토리보드'라고 하는 까닭은 이야기 구조를 중시하는 공통적인 특성 때문이다. 광고 창작자들이 정당한 저작권 비용을 지불하지 않고 배우의 얼굴이나 드라마의 대사를 차용하면 엄청난 대가를 치러야 한다. 따라서 사전에 인격권 사용에 대한 이용 허락을 얻는 절차를 반드시 거쳐야 한다.

14
브랜디드
웹드라마

광고와 드라마의 관계가 깊어지면서 광고인지 드라마인지 구분하기 어려운 혼종 장르가 탄생했다. 바쁜 현대인들이 어디서나 쉽고 간편하게 즐길 수 있는 '스낵 컬처(Snack Culture)'가 확산되자 이에 적합한 콘텐츠인 10분 내외의 웹드라마가 대단한 인기를 끌었다. 웹드라마(web drama)란 웹과 드라마를 합쳐 만든 신조어로 웹 환경에 최적화된 드라마다. 기존의 텔레비전 드라마와는 달리 컴퓨터나 모바일 같은 상호작용 미디어를 통해 소비된다.

광고주들은 제작비를 후원하며 자사 브랜드를 노출하기 위해 웹드라마와 광고 메시지의 결합을 시도하고 있다. 광고업계나 학계에서는 '웹드라마 광고' 혹은 '브랜디드 웹드라마'라는 명칭을 혼용하고 있지만, 이 글에서는 광고적 특성보다 웹드라마의 하위 범주라는 장르적 특성을 더 중시해 '브랜디드 웹드라마(branded webdrama)'로 통일하고자 한다. 디지털 시대에 광고 메시지를 드라마처럼 만들어 노출하는 광고 표현의 새 지평을 탐색해 보자.

혼종의 영상 콘텐츠인 브랜디드 웹드라마

지상파 방송 대신 유튜브나 넷플릭스 같은 스트리밍 영상에 대한 수요가 늘어나자 새로운 광고 채널이 필요해졌다. 브랜디드 웹드라마(branded webdrama)는 광고주가 제작비를 후원해 브랜드 이야기를 전달하는 웹드라마의 일종으로, 사람들이 짬을 내 잠깐씩 볼 수 있도록 모바일 환경에 최적화시킨 영상 콘텐츠다. 검색만 하면 언제 어디에서나 브랜디드 웹드라마를 볼 수 있다. 회당 10분 내외의 짧은 에피소드 형식으로 구성되어 포털 사이트에 스트리밍 방식으로 유통된다. 텔레비전에 노출되지 않는다는 점이 기존의 드라마와 다르며, 간접광고인 제품 배치(PPL)의 한계를 보완한다.

미국에서 제작된 〈더 스팟(The Spot)〉(1995)이 웹드라마의 효시라면 우리의 웹드라마는 72초 TV에서 시작되었고, 교보생명의 〈러브 인 메모리〉(2013)는 국내 브랜디드 웹드라마의 서막

14 브랜디드 웹드라마

을 열었다. 예컨대, 브랜디드 웹드라마 분야를 선도해 온 삼성 그룹의 〈무한동력〉(2013), 〈최고의 미래〉(2014), 〈도전에 반하다〉(2015), 〈긍정이 체질〉(2016), 재미와 즐길 거리를 자연스럽게 브랜드로 연계한 GS25의 〈25사랑병동〉(2015), 〈호로롱 스토리〉(2016), 〈그레이트 시크릿25〉(2016), 4가지 언어(국어, 중국어, 영어, 일본어)로 제작해 통합 조회 수 1억을 기록한 롯데면세점의 〈첫 키스만 일곱 번째〉(2016), 신혼부부가 400종이 넘는 맥주를 카트 가득 담아 오는 이마트의 〈나의 소중한 세계〉(2017), 데이터가 없어 사랑을 이루지 못한 초등학생의 풋풋한 이야기를 다룬 KT의 〈1킬로바이트의 눈물〉(2017)이 대표적이다.

기존의 드라마에서 협찬을 받아 제작비를 벌충하는 것과 달리, 브랜디드 웹드라마는 기업의 제작비 지원에 크게 의존한다. 지난 2015년 무렵에 기업의 후원으로 제작된 웹드라마의 비율이 최소 50%에서 최대 80% 정도였는데(김미라, 장윤재, 2015), 그 비율은 해를 거듭할수록 증가했다. 브랜디드 웹드라마에서는 브랜드를 부각시켜야 하므로 기획 단계에서부터 기업의 후원 여부가 중요할 수밖에 없다. 하지만 드라마라는 장르의 특성에 알맞게 이야기를 개연성 있게 풀어 가야 하므로 서사 구조를 무시하거나 자연스러운 전개 방식을 놓쳐서도 안 된다.

브랜디드 웹드라마는 광고를 회피하려는 소비자에게 자연스럽고 친근하게 다가갈 수 있는 광고 같지 않은 광고라는 점에서 브랜디드 콘텐츠의 일종이다(김운한, 2016). 소비자들은 이런 콘텐츠를 본 다음 주변 사람에게 전달하며 서로 시청 경험을 공유한다. 제작자는 브랜드 가치나 제품의 혜택을 노골적으로 부각시키면서도 시청자에게 거부감을 주지 않는 재미있는 콘텐츠를 완성하려고 노력한다. 결국 브랜디드 웹드라마는 브랜드 광고와 드라마의 자연스러운 결합을 지향하면서 모바일 환경에 최적화시킨 혼종(混種, hybrid)의 영상 콘텐츠다.

브랜디드 웹드라마의 네 가지 특성

한 연구에서는 브랜디드 웹드라마는 대체로 10~20대 취향의 사랑 이야기(romance)라는 소재의 활용, 속도감 있게 전개되는 서사 구조, 자연스러운 광고 드라마의 지향, 사업 감각 있는 프로듀서 중심의 장르라는 네 가지 특성이 있다고 보고했다(김은영, 정사강, 2018). 이 연구에서 제시한 네 가지 특성을 브랜디드 웹드라마의 실제 사례를 보며 구체적으로 확인해 보자.

첫째, 브랜디드 웹드라마는 10~20대 취향의 사랑 이야기라는 소재를 주로 활용한다는 특성이다. 브랜디드 웹드라마를 광고 수단으로 인식하는 후원사를 만족시키기 위해 제작진은 10~20대 취향의 사랑 이야기를 전략적으로 선택하는 경향이 있다. 보통의 웹드라마에 있는 갈등의 극대화나 극적 반전이 브랜디드 웹드라마에서는 없는 경우가 많다. 초반에 갈등 상황

14 브랜디드 웹드라마

이 제시되더라도 심화되지는 않으며 등장인물의 마음이 저절로 바뀌어 갈등이 해소되고 이야기가 손쉽게 마무리되기도 한다. 이처럼 이야기의 구조가 빈약하더라도 유쾌한 아이돌 주인공이 나타나 웃기는 한두 마디를 내던지면 그 빈약한 부분도 해소되어 버린다. 제작자는 드라마의 성공을 위해 안전한 전략을 택하는 셈이다.

티몬의 〈신선한 사랑〉(2017)은 초등학생들의 풋풋한 사랑을 소재로 활용했다([그림 14-1] 참조). "너 왜 사람 헷갈리게 해?" 드라마가 시작되자 여자 초등학생(여주)이 울먹이며 이렇게 말한다. 초등학생의 이런 말을 듣고 쉽게 지나칠 수 있을까? 여주가 쭈쭈바 꼭지를 못 따자 꼭지를 따 주고, 나무에 걸린 배드민턴공도 척척 내려주고, 버스카드의 잔액이 부족할 때도 불현듯 나타나 버스비를 척척 내주는 남주. 친구들이 여주와 사귀느냐며 놀리자 부정하는 남주, 그 말을 들어버린 여주. "너 왜 사람 헷갈리게 해?" "왜 자꾸 필요한 시간에 딱 맞춰 나타나서 잘해주는데." "티몬 슈퍼마트야?" 남주는 여주에게 다음 주에 전학 간다며 애석한 마음을 전한다. 이사 가는 날, 남주는 티몬 배송 기사로부터 여주가 보내 온 '가지'와 '마'를 받는다. "가지……마?" 남주는 가지와 마를 양손에 들고 '가지 마!'라는 여주의 사랑을 느끼며 울먹인다. 가지와 마를 통해 '가지 마'를 완성한 말장난은 병맛 재미를 위해 일부러 설정한 소재다. 이 브랜디드 웹드라마는 초등학생의 사랑도 성인의 사랑처럼 절절하다는 메

[그림 14-1] 티몬의 '신선한 사랑'(2017)

시지를 티몬 슈퍼마트와 연결해 잘 풀어냈는데 역시 10~20대 취향의 사랑 이야기를 소재로 활용했다.

둘째, 브랜디드 웹드라마는 속도감 있게 전개되는 서사 구조를 갖추고 있다는 특성이다. 브랜디드 웹드라마는 보통의 웹드라마와는 달리 초반에 균형적인 설정을 생략한다. 발단, 전개, 위기, 절정, 결말이라는 순서를 따르다가는 마음이 급한 시청자들로부터 외면당하기 쉽다. 따라서 브랜디드 웹드라마에서는 전통적인 광고 문법과 마찬가지로 결핍 상황을 제시하고 결핍을 브랜드가 해소시킨다는 구조를 바탕으로 이야기를 빠른 속도로 전개한다. 이야기의 속도감은 모바일 미디어의 특성에 적합하고, 호흡이 짧은 전개 방식은 전통적인 방송광고 스타일과 흡사하다. 보통 10분 내외의 이야기를 빠르게 전개하기 때문에 한 편만이 아닌 여러 편을 만들어 시리즈로 내보내야 더 효과적이다.

삼성전자의 〈고래먼지〉(2018)에서는 피폐해진 환경과 메마른 인간관계가 지배하는 2053년을 배경으로 첨단기술이 따뜻한 사회를 만드는 데 기여한다는 메시지를 전달했다(〔그림 14-2〕 참조). 신우석 감독이 연출한 〈고래먼지〉는 일상에서 방독면과 마스크가 필수품이 된 미래 세계를 10분 분량에 담아낸 4부작이다. 1편에서는 미세먼지 때문에 사람들이 외출하지 못한 답답한 현실에서 상심한 소녀 한슬(김소혜 분)이 바다를 보기 위해 집을 떠나고, 2편에서는 한슬이 뜻밖에 역무원(신구 분)과

[그림 14-2] 삼성전자의 '고래먼지'(2018)

지하철 사람들을 만나고, 3편에서는 소녀와 기상캐스터 기영(양동근 분)이 만나 고민을 나누고, 4편에서는 인공지능(AI)으로 소통하며 위안을 얻고 희망을 찾아가는 여정을 그려 냈다. 회를 거듭할수록 다양한 인물이 등장해 각자의 사연을 들려주며 흥미를 유발했다. 후원을 했는데도 대사에서 삼성전자가 한 번도 언급되지 않고 마지막에 후원 자막만 한 번 떴다. 삼성전자의 첨단 기술력이 더 좋은 미래 사회를 만드는 데 기여한다는 메시지를 담아내고 싶었을 텐데, 광고주는 그 욕구를 억제한 듯하다. 속도감 있게 전개되는 서사 구조가 브랜디드 웹드라마에 대한 몰입감을 높이는 핵심 요인으로 작용했다.

셋째, 브랜디드 웹드라마는 자연스러운 광고 드라마를 지향한다는 특성이다. 똑같은 콘텐츠라도 후원사는 광고로, 제작진은 드라마로 바라보는 상황에서 조금씩 양보하게 해 인식 격차를 줄여 가는 솜씨가 중요할 수밖에 없다. 등장인물이 이야기를 끌어가는 사건의 전개 과정에서 후원사의 브랜드가 잠깐 혹은 장시간 동안 노출되는 것은 필연적이다. 제작비를 지원받은 이상 브랜드 메시지를 전적으로 배제할 수는 없다. 그렇다고 해서 브랜드 메시지로만 도배하는 콘텐츠를 드라마라고 할 수는 없다. 결국 브랜디드 웹드라마의 성공 여부는 드라마적 요소를 중시하는 제작진의 의도와 광고효과를 중시하는 후원사의 기대치를 가늠한 다음 서로가 납득할 만한 타협의 절충점을 찾는 데에 있다.

농심의 첫 번째 웹드라마인 〈썸 끓는 시간 4분 30초〉(2018)
는 라면이 끓는 동안에 벌어진 젊은이들의 이야기를 흥미롭게
엮어 냈다. 라면이 끓는데 필요한 4분 30초를 어떻게 재미있게
보낼 수 있을까? 농심라면에 적합한 소재였다. 〈썸 끓는 시간,
만화카페 2호점(썸끓시2)〉(2020)은 라면 브랜드를 생활에서 친
근하게 알리기 위해 시리즈로 기획되었다([그림 14-3] 참조). 할
말은 해야만 직성이 풀리는 똑순이 한윤지, 밝고 활기찬 연하
남인 정민규, 한윤지의 고등학교 동창인 정준환이 만화카페에
서 아르바이트생과 손님 사이로 우연히 만나 차츰 삼각관계로
발전해 간다는 줄거리다. 여기에서는 이야기의 큰 얼개만 정해
놓고, 나머지는 유튜브나 인스타그램 같은 소셜 미디어 채널을
활용해 이야기에 반영하는 형식을 시도했다. 라면 끓이는 순서
나 메뉴 정하기 등은 시청자의 투표 결과와 의견을 반영해 전
개한다는 열린 스토리의 형식을 추구했다. 회당 10분 내외의
6부작인 〈섬끓시2〉는 이야기의 대부분을 라면 끓이는 내용으
로 전개하면서 그 과정에서 후원사의 브랜드를 적극 부각시켰
다. 이해할 수 있는 대목이지만 광고 드라마를 지향하는 브랜
디드 웹드라마의 특성을 과도하게 구현한 셈이다.

넷째, 브랜디드 웹드라마는 사업 감각이 있는 프로듀서 중심
의 장르라는 특성이다. 프로듀서의 역할이 작품 연출에만 머무
르지 않고 사업 마인드까지 확대되어야 한다는 것을 의미한다.
이들은 기획안을 후원사에 제시해 제작비를 유치하거나 후원

[그림 14-3] 농심의 '썸 끓는 시간, 만화카페 2호점'(2020)

사의 의뢰를 받아 브랜디드 웹드라마를 제작하기 때문에 생산성에 민감할 수밖에 없다. 방송사 출신의 PD보다 작품의 수익성을 고려하는 영화감독 출신들이 브랜디드 웹드라마 분야에 더 많은 이유도 그 때문이다. 보통의 웹드라마는 비교적 안정적인 제작비를 바탕으로 연출자가 하고 싶은 대로 제작될 가능성이 높지만, 브랜디드 웹드라마는 후원사의 요구를 반영해 성공할 만한 공식을 따르기 때문에 정형화된 콘텐츠로 제작될 가능성이 높다.

　롯데물산의 〈롯데하우스(Lotte Haus)〉(2019)는 '두 개의 롯데하우스', '기억을 찾아서', '상상을 넘어서'라는 세 편의 시리즈로 롯데의 브랜드 자산을 알렸다([그림 14-4] 참조). 이 작품은 롯데물산, 독일의 베츨라관광청, 도바고필름, 엣지랭크, 와이엠케이필름이 공동으로 제작에 참여했다. 괴테의 소설『젊은 베르테르의 슬픔』의 실제 여주인공인 샤롯데의 생가가 있는 독일의 롯데하우스와 한국의 롯데월드타워를 드라마의 핵심 배경으로 삼아, 고(故) 신격호 회장이 어떻게 해서 롯데라는 이름을 짓게 되었는지 그 사연을 소개했다. 이 작품은 한국(한예나, 서상빈)과 독일 젊은이들이 양쪽을 넘나들며 펼치는 로맨틱 코미디로, 2019 서울웹페스트에서 '베스트 브랜디드 시리즈'상을 수상함은 물론 제8회 2020워싱턴DC웹페스트(DC WebFest)에서 디지털 시리즈 심사위원 특별상도 받았다. 연출자 강영만 감독은 자신을 영화감독보다 크리에이터로 불러 달라고 하며 분업이

14 브랜디드 웹드라마

[그림 14-4] 롯데물산의 '롯데하우스'(2019)

잘 되어 있는 영화산업과는 달리 웹드라마는 예산이 빠듯하니, 감독이 1인 다역의 멀티플레이어 역할을 해야 한다고 강조했다 (이기철, 2019). 그의 발언처럼 〈롯데하우스〉의 제작에는 사업 감각이 있는 프로듀서가 참여함으로써 놀라운 성과를 얻었다.

창작 딜레마의 해결 방향

브랜디드 웹드라마는 연애, 취업, 창업 같은 소재를 발굴해 아이돌을 활용하면 성공한다고 하지만 과연 그럴까? 그보다는 드라마의 시작 부분에서 광고 메시지라는 것을 잠시 망각하게 하는 몰입의 장면 설정하기, 극적인 순간에 광고 메시지를 끼워 넣는 반전의 순간 활용하기, 그리고 여러 가지를 설명하기보다 하나의 메시지만 강조하기 같은 창작 방법론 세 가지를 숙지하는 쪽이 성공에 더 도움이 될 것이다. 광고 메시지를 이야기의 흐름에 따라 얼마나 자연스럽게 풀어냈느냐의 여부가 브랜디드 웹드라마의 작품성을 결정하기 때문이다.

결국 브랜디드 웹드라마는 광고 담론을 지향할 수밖에 없다. 속도감 있게 전개되는 이야기의 많은 부분을 내레이션을 통해 설명하면 효과적이다. 빠른 속도로 전개되는 사건의 전개를 내레이션으로 설명하면 시청자가 이해하기 쉽다. 브랜드가 노출되는 상황도 자연스럽게 진행되어야 한다. 후원사의 브랜드를 노출해야 한다면 억지로 끼워 넣기보다 드라마의 흐름 속에 자연스럽게 녹아들게 하는 창작 솜씨가 그래서 중요한 법이다.

브랜디드 웹드라마가 광고와 드라마의 긴장 관계를 유지하는 장르일지라도, 광고로서도 드라마로서도 어떠한 성과를 얻지 못한다면 쓸모없는 콘텐츠일 뿐이다. 브랜디드 웹드라마에 대해 제작자는 광고의 콘텐츠 버전 정도로만 생각한다거나, 후원사는 제품이나 브랜드를 알리는 수단 정도로만 간주한다면 공통의 해결책을 찾기 어렵다(김은영, 정사강, 2018). 브랜디드 웹드라마의 창작이 결코 만만한 일이 아닌 이유도 그 때문이다. 순수한 창작과 상업적 창작 사이에 놓인 딜레마는 제작자와 후원사의 양보와 이해를 통해서만 풀어 갈 수 있다.

✓ 핵심 체크

브랜디드 웹드라마는 기존의 텔레비전 드라마와 달리 컴퓨터나 모바일 같은 상호작용 미디어를 통해 소비된다. 브랜디드 웹드라마에서는 자연스레 녹아든 광고 메시지가 성공의 관건이다. 브랜디드 웹드라마는 10~20대 취향의 사랑 이야기라는 소재를 주로 활용한다. 브랜디드 웹드라마를 광고 수단으로 인식하는 후원사를 만족시키기 위해 제작진은 10~20대 취향의 사랑 이야기를 전략적으로 선택한다. 브랜디드 웹드라마가 광고와 드라마의 긴장 관계를 유지하는 장르일지라도, 광고로서도 드라마로서도 성과를 얻지 못한다면 쓸모없는 콘텐츠일 뿐이다.

15
광고와
무용

"춤은 팔린다(Dance sells)."

광고계에서 유행하는 말로, 성적으로 소구하면 팔린다는 오랫동안의 불문율에 빗대어 표현한 것이다. 무용(춤)은 현대인의 감성 코드와 관련성이 높아 광고에서 적극 활용되어 왔다. 춤은 언어나 문자가 아닌 몸의 움직임을 통해 메시지를 전달한다. 안무가의 생각을 몸짓 언어로 바꿔 전달하는 예술이 춤이다. 광고에서도 춤을 활용하면 높은 광고효과를 기대할 수 있다고 알려져 왔다.

재즈, 스윙, 디스코 같은 예전의 춤은 물론 최근에 세계적으로 주목받은 케이 팝(K-pop) 댄스에 이르기까지 춤의 종류도 다양하다. 그동안 세상의 모든 춤이 광고에서 활용돼 왔다고 해도 지나친 말은 아니다. 춤을 활용한 광고가 인기를 끌자 최근에는 유튜브에 광고에서 춤추는 장면을 변형시킨 커버 영상[1]도 많이 게시되고 있다. 시대 변화에 발맞춰 오랫동안 광고와 깊은 관계를 유지해 온 춤바람의 세계로 들어가 보자.

공간, 시간, 무게, 흐름의 조합인 춤

춤은 소비자의 호감을 유발하는 데 효과적으로 작용한다. 우리 민족의 제천행사(祭天行事)에는 춤과 노래가 필요했고, 신명과 흥의 전통이 지금까지도 이어지고 있다. 윤태일 교수가 지적했듯이, 젊은 층의 댄스 배틀과 클럽 문화, 한국 비보이들의 세계대회 우승, 스포츠 댄스의 인기처럼 한국은 '춤바람 난 사회'가 되었고(윤태일, 2017), 광고와 마케팅 활동에 춤을 활용하는 춤바람 마케팅 또는 댄스 마케팅이 급부상했다.

광고 표현에 있어서도 춤의 영향력은 막강하며, 광고에서 춤은 결정적인 흡인력으로 작용한다. 예를 들어, 춤(무용)을 활용한 금연 광고의 효과를 분석한 결과, 춤추는 장면의 광고는 금연 인식에 긍정적인 영향을 미쳤고 춤에 대한 호기심이 유발되

---

1) 음원이나 원작 영상을 그대로 사용하지 않고 수정해서 이용하는 행위를 유튜브에서는 리메이크라고 하며 이용자들은 '커버(cover)'라고 부른다.

었다. 그리고 춤에 대한 이미지가 좋아졌으며 금연 의도에 긍정적인 영향을 미치는 것으로 나타났다(이진주, 백정희, 전현주, 2017).

헝가리 태생의 안무가이자 무용 이론가인 루돌프 폰 라반(Rudolf von Laban, 1879~1958)은 움직임의 개념을 이론적으로 정립하고 발전시키는 데 크게 기여했다. 라반은 인간의 원초적인 신체 경험이 움직임이라고 하면서 신체와 정신의 상호작용을 통해 움직임이 일어난다고 주장했다. 동작을 가시화하면 움직임의 특성을 확실히 부각시키는 무엇이 있는데 이를 가리켜 에포트(effort)라고 명명했다(Laban, 1975). 그는 양적 측면과 질적 측면에서 공간(space), 시간(time), 무게 (weight), 흐름(flow)이 움직임의 특성을 좌우하는 에포트 요인이라고 설명했다.

4가지 요인은 [그림 15-1]과 같이 각각의 역학 관계를 유지하는 데 어떻게 조합하느냐에 따라 움직임의 결과가 달라진다. 인간 행동에 내재하는 에포트의 4가지 요인이 춤의 동작을 만들어 낸다는 뜻이다. 춤(무용)이란 4가지 요인에 의한 8가지 기본 동작(누르기, 가볍게 튀기기, 치거나 밀어내기, 뜨거나 날기, 비틀기, 가볍게 두드리기, 내리치기, 미끄러지기)을 바탕으로 순간적 또는 지속적으로 수행하는 창조 작업이다(김수영, 2007). 에포트 그래프에서 공간(S), 시간(T), 무게(W), 흐름(F) 요인의 조합에 따른 춤의 변화를 엿볼 수 있다.

라반은 8가지 기본 움직임과 에포트 요인이 한 동작에 이루

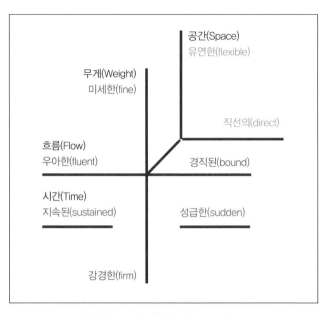

[그림 15-1] 라반의 에포트 그래프

어질 때 명확한 움직임이 나오는데, 각각을 변형시키면 다양한 동작을 표현할 수 있다고 단정했다. 모든 춤에서 에포트의 4가지 요인이 필요하지만 경우에 따라 어느 한 가지 요인이 특히 강조되기도 한다. 광고에 활용된 춤에서도 에포트의 4가지 요인이 동시에 구현되지만 어느 한 가지 요인이 특별히 강조되기도 한다. 강조하는 에포트 요인에 따라 춤을 활용한 광고 유형을 네 가지로 나눌 수 있다. 광고 사례를 보며 좀 더 구체적으로 살펴보자.

에포트의 공간 강조

사람들이 생활하는 집이나 일터가 모두 공간이다. 사람의 몸은 공간(space) 속에서 존재감을 발휘한다. 펩시콜라 광고 '춤의 즐거움(The Joy of Dance)' 편(2016)에서는 공간, 시간, 무게, 흐름이라는 에포트 요인이 다 들어 있지만 춤추며 무대를 넓혀 가는 공간 이동이 특히 돋보인다([그림 15-2] 참조). 2016년 미국 슈퍼볼 기간에 노출된 이 광고에서는 가수이자 영화배우인 자넬 모네(Janelle Monáe)를 비롯한 여러 춤꾼이 카리스마 넘치는 춤 실력을 보여 주었다.

광고가 시작되면 춤꾼들이 주크박스에서 노래를 선택해 1962년을 기념하는 파티를 한다. 문을 박차고 나가니 마돈나의 노래가 흐르는 1980년대의 방문이 열리고, 다시 2000년대의 음악 세계로 통하는 문이 열린다. 춤꾼들은 시대별 히트곡에 맞춰 전후, 좌우, 상하로 이동하며 모든 공간적 요소를 결합시켰다(Oster, 2016). 광고에서는 수동적으로 움직이는 빼기(-) 공간이 거의 없었고, 능동적으로 움직이는 더하기(+) 공간만 있었다. 직선과 사선을 교차시키며 추는 춤 동작은 가볍고도 날카로웠고, 한곳에 머물다 여러 지점으로 퍼지는 발놀림은 변화무쌍하고 역동적이었다.

라반은 공간을 두 가지로 구분했다. 누워 있든 앉아 있든 자

[그림 15-2] 펩시콜라 광고 '춤의 즐거움' 편(2016)

기 팔다리가 뻗치는 영역인 개인 공간(kine-sphere)과 타인과 관계되는 영역인 일반 공간(general space)이다. 몸을 움직여 공간을 더해 가는(+) 과정이 춤의 기본인데, 광고에 등장한 춤꾼들은 춤추며 공간을 넓혀 가다 결국 3개의 방을 넘나들며 춤을 췄다. 롱숏(long shot)으로 촬영된 광고의 마지막 장면에 가서야 펩시콜라 로고처럼 만들어진 방 3개를 넘나들며 춤을 췄다는 사실이 드러난다. 춤꾼들은 한정된 공간에서 벗어났다 들어오기를 반복하며 춤의 즐거움을 다채롭게 표현했다.

에포트의 시간 강조

어떤 공간에서 춤을 추더라도 결국 시간(time)의 흐름에 맞춰 춤이 완성된다. 춤이란 시간의 흐름에 따라 동작과 내용을 전개하고 의미를 창조하는 시간 종속적 예술이다. 춤의 템포는 주어진 시간에 따라 결정되지만, 리듬은 움직이는 동작에 따라 구성된다. 움직임에는 지속적인 동작과 갑작스러운 동작이 있는데, 시간이 짧으면 동작이 갑작스럽고 날카롭지만 시간이 길면 차분하고 부드러운 동작이 전개된다. 어떤 흐름을 타는 음악처럼 춤의 가치도 시간과 어울려 빛나게 마련이다. 비슷한 박자에서는 시간의 지속성을 느낄 수 있다.

삼성화재 광고 '미스터 트레이너' 편(2020)에서는 트로트 가

[그림 15-3] 삼성화재 광고 '미스터 트레이너' 편(2020)

수 장민호와 정동원이 건강 파트너송을 부르며 건강 댄스를 췄다. [그림 15-3]에서 확인할 수 있듯이 광고가 시작되면 두 사람이 함께 노래를 부르며 춤을 춘다. "우리는 미스터 트레이너. 엄마 아빠 누나 형들 그냥 따라 해 볼래요. 간단해서 좋은 운동 매일하기 좋은 동작. 건강하게 건강하게 건강 파트너는 삼성화재. 엄마 아빠 누나 형들 애니핏과 걸어 봐요. 걸음마다 몸도 튼튼 애니핏과 인생 튼튼. 오늘부터 평생토록 건강 파트너는 삼성화재." "오늘의 건강도 내일의 안심도 우리 모두 삼성화재." 이어서 '당신에게 좋은 보험'이라는 슬로건이 나오고 두 사람이 계단을 내려오며 광고가 끝난다.

이 광고에서는 건강 댄스를 시간의 흐름에 맞춰 쉽게 전달했다. 건강 댄스는 손목, 어깨, 가슴, 팔 등에 운동이 되는 요소를 반영해서 만든 안무다. 두 사람은 건강 댄스를 누구나 따라 하기 쉽게 구분 동작으로 보여 주었다. 박자에 따라 빠른 스텝과 턴을 연결했고, 발레의 브레브레(bourree bourree, 다리를 편 상태에서 한쪽 다리와 다른 쪽 발을 겹쳐 잘게 잘게 나눠 이동하는 동작)처럼 시간의 흐름에 따라 촘촘하게 움직이기도 했다. 〈미스터트롯〉 출신의 가수, 신나는 춤, 경쾌한 노래가 삼박자를 이룬 이 광고는 소셜 미디어에서도 인기를 모았다. 광고에서는 음악, 노래, 춤이 긴밀하게 연결되는 시간의 흐름 속에서 전통적인 악가무일체(樂歌舞一體)의 진면목을 보여 주었다.

에포트의 무게 강조

춤출 때 힘을 얼마나 가하느냐에 따라 동작의 무게감이 달라진다. 에포트에서 무게(weight) 요인은 일정하지 않고 무거움과 가벼움 또는 강함과 약함으로 나타난다. 무게의 변화에는 힘주기, 힘 빼기, 강약 조절이 영향을 미친다. 긴장 증대, 긴장 완화, 점점 세게, 점점 약하게, 갑작스럽게, 계속 동작, 단절 동작, 잇는 동작도 움직임의 무게에 따라 달라진다. 미국 파라마운트 팜스의 견과류 브랜드인 원더풀 피스타치오(Wonderful Pistachios)의 광고 '겟 크래킹(Get Crackin')' 편(2013)에서는 에포트의 여러 요인 중에서도 무게를 특히 강조했다([그림 15-4] 참조).

2013년 2월 4일, 가수 싸이가 등장한 이 광고는 미국프로풋볼(NFL)의 제47회 슈퍼볼 결승전 첫 경기의 하프타임에 공개되었다. 광고에서 싸이는 피스타치오 껍데기를 깨고 나와 〈강남스타일〉을 개사한 "강남스타일로 깐다(Crackin' Gangnam Style)"는 후렴구를 부르며 피스타치오를 쪼개 먹는 방법을 소개했다. 연두색의 턱시도 정장과 보타이 차림을 한 싸이는 대형 피스타치오 껍질을 깨고 등장했다. 사람처럼 피스타치오로 탈을 뒤집어 쓴 춤꾼들과 '말춤'을 추며 특유의 유쾌한 매력을 발산했다. 싸이의 뒤에서는 하이힐을 신고 피스타치오로 분장한 백댄서가 함께 말춤을 췄다. 마지막 장면에서 싸이는 말 타

[그림 15-4] 원더풀 피스타치오 광고 '겟 크래킹' 편(2013)

에포트의 무게 강조

듯 피스타치오로 분장한 백댄서의 등에 올라타 코믹한 무게감을 보여 주었다.

싸이는 박자에 맞춰 말춤을 추며 무거움과 가벼움 또는 강함과 약함을 적절히 섞어 가며 무게감을 조절했다. 빠른 연결 동작은 악센트를 주었고 턴과 점프는 흥미로웠다. 빠른 동작은 긴장감을 누그러트렸고 계속 이어지는 움직임은 무게감의 변화를 느끼게 만들었다. 마지막에 나오는 '크래킹 스타일(Crackin Style)'이라는 자막도 〈강남스타일〉을 흉내 낸 카피였고, 피스타치오를 재미있게 쪼개 먹는 방법을 알리면서도 싸이의 스타일을 철저히 고수했다. 결국 싸이는 피스타치오로 분장한 출연자들과 함께 특유의 코믹한 모습을 보여 주는데 성공했다. 밝고 경쾌한 춤이었지만 동작의 무게감을 강조한 광고였다.

에포트의 흐름 강조

춤추는 동작의 흐름(flow)은 신체 각 부분이 움직이는 순서에 따라 영향을 받는다. 다시 말해서, 흐름이란 내적 동작의 리듬이라고 할 수 있다. 음악에 맞춰 공간, 시간, 무게 요인을 모두 포함하면서도 움직임을 계속 연결시키는 것이 흐름이다. 흐름에는 자유로운 상태와 제한된 상태가 있다. 갑자기 움직임을 정지하지 않고 계속 움직이는 행동이 자유로운(free) 흐름이라면, 계속 움직이는 동안에도 조심해서 움직여야 하는 것이 제한된(bound) 흐름이다. 디젤(Diesel)의 '춤의 A-Z(The A-Z of Dance)' 편(2014)에서는 에포트의 흐름 요인을 강조했다([그림 15-5] 참조).

광고에서는 세계적으로 유명한 춤의 종류를 A부터 Z까지 세세하게 소개했다. A는 아라베스크(Arabesque, 발끝을 돌리며 척추를 곧추세우는 발레의 기본 동작), B는 비걸(B-girl, 여성이 추는 비보잉), D는 데스 드롭(Death Drop, 스윙 댄스 동작의 하나이며 리더가 지정하는 몇 인치 내에서 멈추는 동작), E는 이스트 코스트 스윙(East Coast Swing, 스윙 댄스에서 파생된 사회적 파트너 춤의 형태), F는 핑거 텃(Finger Tut, 팔과 손만으로 추는 춤), G는 그랑 주떼(Grand Jeté, 훌쩍 건너듯 한 발로 뛰어올라 다른 발로 내려오는 발레 동작), H는 할렘 셰이크(Harlem Shake, 무심히 일하던 사람들이 갑자기 광분하며 추는 춤), M은 멤피스 주킨(Memphis Jookin, 모든 관절을 꺾듯이 추는 춤), P는 폴(Pole, 봉을 가지고 추는 봉춤), S는 스텝(Step, 경쾌한 리듬에 맞춰 발을 좌우로 움직이며 추는 춤), V는 보그 핸즈(Vogue Hands, 『보그』지 모델처럼 포즈를 취하며 거리에서 추는 춤), X는 익스프레스 유어셀프(X-press Yourself, 자유자재로 추는 춤), Z는 터프 프레인즈(TurF FeinZ, 미국 캘리포니아 오클랜드에 있는 브레이크댄스 팀의 춤) 등이다.

디젤 광고에 등장한 춤꾼들은 세계에서 가장 사랑받는 댄스 스타일 26개를 제시하며 '성공적인 생활'을 슬로건으로 내세운 디젤 청바지의 활동성을 보여 주었다. 광고에는 팝 문화에 돌풍을 일으킨 인물들이 청바지를 입은 채, 모든 춤 동작의 자유로운 흐름을 표현했다. 전문적인 댄서 말고도 누구나 자신의 춤 동영상을 디젤의 소셜 채널에 올려 '춤의 A-Z' 이벤트에 참여하도록 배려하기도 했다. 각 광고에서는 동작과 동작이 부드럽게 연결되었고 자연스럽게 흘러갔으며, 댄서의 움직임은 지속적이면서도 부드러웠다.

[그림 15-5] 디젤 광고 '춤의 A-Z' 편(2014)

광고와 춤의 행복한 만남

일찍이 열네 살 소녀 최승희(1911~1969)는 어머니의 반대를 무릅쓰고 일본인 무용가 이시이 바쿠(石井漠)의 문하생으로 들어가 현대 무용가로 우뚝 섰다. 한류의 원조로서 우리 춤을 세계에 알린 그는 아지노모도(味の素)나 대학목약(大學目藥)을 비롯한 여러 브랜드의 광고 모델로도 활동했다(신인섭, 김병희, 2007). 싸이와 BTS는 물론 비보이의 춤 실력에도 춤의 역사가 이처럼 스며 있다. 이제 우리나라에서도 춤이 하위문화에서 대중문화의 주류로 올라섰다.

광고에서 춤을 활용하면 상품미학(욕구의 표출), 신화창조(감성적 충격), 세대공감(개성적 소통), 도구미학(쾌락적 구매)이라는 표상성과 사회문화적 의미를 갖게 된다(이지원, 2008). 광고에서의 춤은 소비자를 유인하는 시각적 주목 기능, 소비자를 즐겁게 하는 오락적 향유 기능, 소비자의 마음을 일깨우는 감각의 환기 기능, 그리고 소비자의 욕구를 환기하는 소비가치의 충족 기능을 가진다. 따라서 앞으로 광고에서 춤을 활용하는 사례는 갈수록 늘어날 것이다.

요즘 광고에서는 핵심 메시지를 전달하는 방법도 확연히 달라졌다. 디지털 미디어 위주로 광고 환경이 재편되자 짧은 시간에 소비자를 사로잡을 수 있는 '짧고 강렬한' 표현이 환영받고 있다. 기승전결의 구조에 따라 핵심 메시지를 마지막 순간에 등장시켜 반전을 꾀하던 기존의 표현 기법은 거의 소멸되었다. 요즘에는 초반에 핵심 메시지를 짧고 강렬하게 전달하는 것이 대세가 되었다. 이렇게 되면 짧고 강렬한 표현 수단인 춤이 광고에서 더 필요할 수밖에 없다.

이때 중요한 것은 어디까지나 춤을 광고 메시지의 일부로 활용해야지 광고 메시지가 춤에 묻혀 버리면 곤란하다는 사실이다. 춤과 광고가 행복하게 만나야겠지만 사랑이 너무 깊어져 광고의 본분을 망각하면 곤란하다. 춤은 예술이지만 광고는 예술이 아니기 때문이다. "인생이란 댄스보다 씨름에 가깝다." 일찍이 마르쿠스 아우렐리우스(Marcus Aurelius Antoninus)는 이런 말을 남겼다. 광고도 춤보다 씨름에 가깝다. 광고란 상품을 팔기 위해 소비자와의 샅바 싸움에서 이겨야 하는 메시지 게임이라서 더욱 그렇다. 본분을 망각하지 않고 춤과 사이좋게 지내는 광고가 절실한 이유도 그 때문이다.

짧고 강렬한 표현이 대세인 시대에 춤과 광고는 환상의 커플이다. 춤은 안무가의 생각을 몸짓 언어로 바꿔 전달하는 예술이다. 동작을 가시화하면 움직임의 특성을 확실히 부각시키는 무엇이 있는데 이를 에포트(effort)라고 한다. 라반은 양적 측면과 질적 측면에서 공간(space), 시간(time), 무게(weight), 흐름(flow)이 움직임의 특성을 좌우하는 에포트 요인이라고 설명했다. 4가지 요인은 서로 역학 관계를 유지하는데 어떻게 조합하느냐에 따라 움직임의 결과가 달라진다. 인간 행동에 내재하는 에포트의 4가지 요인이 춤의 동작을 만들어 낸다.

16
광고와
만화

만화를 싫어하는 사람은 거의 없을 것이다. 만화는 남녀노소를 막론하고 누구나 즐기는 예술 장르다. 프랑스의 예술 분류법을 보면 제1의 예술인 건축에서 시작해 조각, 회화, 음악, 문학, 공연 예술, 영화, 미디어 아트에 이어 만화는 제9의 예술로 대접받고 있다. 만화는 광고, 게임, 영화, 드라마, 애니메이션, 캐릭터 상품 같은 다른 대중문화 장르와도 쉽게 융합할 수 있다.

그런 특성 때문에 만화는 21세기에 부가가치가 높은 산업으로 각광받고 있다. 한 컷의 만화를 통해 촌철살인의 메시지를 표현할 수 있다는 점도 만화의 매력이다. 만화가 단순한 그림이 아닌 시대를 반영하는 문화예술 장르로 구분되는 까닭도 바로 그 때문이다. 장점이 많은 만화가 광고와 만나지 않았다면 오히려 더 이상한 일이다. 광고와 만화가 만나 시너지를 일으키는 풍경을 살펴보자.

만화의 발전과 광고와의 만남

만화는 메시지를 효과적으로 전달하기 위해 형상의 특징을 왜곡하고 과장시킨다. 낙서에 불과했던 만화의 어원은 일본의 풍속화가 가쓰시카 호쿠사이(葛飾北斎, 1760~1849)가 자신의 스케치 작품집에 〈호쿠사이 망가(北斎漫画, 북제만화)〉라는 제목을 쓴 데서 유래했다(이원복, 1991). 한중일의 한자 문화권에서는 희평(戱評), 희화(戱畵), 풍자화(諷刺畵)라는 말이 혼용되다 질펀하고 산만하게 그린다는 만화(漫畵)로 정착되었다. 일제강점기에 우리나라에서는 '삽화'나 '다음엇지' 같은 말로 쓰이다가, 작가 안석영(安夕影, 1901~1950)의 만문만화(漫文漫畵)가 인기를 끌면서 해방 이전에 만화로 통일되었다.

서구의 만화는 [그림 16-1]에서 알 수 있듯이 보다 다양한 장르가 있다. 일간지에 연재한 짧은 연속 만화인 코믹 스트립(comic strip), 장편 이야기 만화인 코믹스(comics), 만화책으로 출판된 코믹북(comic book), 만화책 여러 권에 서사적 구성을 갖춘 장편 만화인 그래픽 노블(graphic novel), 원래 한 컷 만화를 지칭하다 애니메이션을 비롯한 만화 일반을 통칭하는 이름으로 굳어진 카툰(cartoon)이 있다(한국문화콘텐츠진흥원, 2003). 예전에는 출판 만화와 만화 영화가 있었지만, 디지털 시대에 매체 융합과 장르 융합이 이루어지면서 만화 애니메이션 영화, 웹툰, 모바일툰, 에세이툰(essaytoon, 에세이+만화)으로 발전했다.

스토리가 있는 글과 그림의 연속적 조합인 만화는 형식과 내용이나 역할과 기능의 측면에서 회화, 영화, 문학 같은 예술 장르와 만나는 복합 미디어의 성격을 지닌다. 저명한 만화가이자 만화 이론가인 스콧 매클라우드(Scott McCloud)는 만화를 "보는 이에게 정보를 전달하고 미적 반응을 일으킬 목적에서 그림과

코믹 스트립	일간신문에 연재되는 짧은 시리즈 만화
코믹스	장편 이야기 만화
코믹북	출판되는 만화책
그래픽 노블	서사적 이야기 만화
카툰	주로 한 컷 만화를 지칭하거나 만화를 포괄적으로 지칭할 때 사용됨

디지털 융합

매체 융합	만화 애니메이션 영화, 웹툰, 모바일툰
장르 융합	에세이툰

[그림 16-1] 만화의 종류와 변천

형상을 의도한 순서대로 늘어놓은 것"이라고 정의하며(스콧 매클라우드, 1999), 만화의 목적이 정보 전달과 미적 반응의 유도에 있다고 말했다. 이 주장은 정보 제공과 소비자의 반응을 유발해야 한다는 광고의 목적과 흡사하다. 예컨대, 신문의 4컷 만화는 텔레비전 광고의 콘티와 비슷한데 광고와 만화는 목적과 형식에서 유사한 측면이 많다.

국내 최초로 만화예술학과를 설립한 임청산은 만화의 특성을 다섯 가지로 정리했다. 그림이 있는 시각(視覺) 예술, 선묘(線描)가 중심이 되는 선화(線畵) 예술, 판화 인쇄술에서 발달한 복제(複製) 예술, 영상 기법을 응용한 영상(映像) 예술, 커뮤니케이션을 위한 시각(視覺) 전달 디자인이 그 다섯 가지다(임청산, 2003). 특히 만화 영상은 글과 소리로 표현하는 언어 예술, 그림으로 표현하는 조형 예술, 영화로 표현하는 영상 예술이 혼재된 융합(融合) 예술 장르다.

광고의 경우에는 부당광고나 뒷광고 같은 비호감 광고에 대한 소비자의 거부감도 많지만, 웹툰을 비롯한 만화는 소비자가 능동적으로 참여하기 때문에 거부감은 낮고 몰입도가 높다. 동영상 광고는 일방적으로 전달되기 때문에 소비자의 몰입도가 높지 않을 수 있지만, 만화를 차용한 광고에 대해서는 소비자의 몰입도가 높을 수 있고 거부감도 낮을 수 있다. 만화는 그만큼 편안하게 즐기는 콘텐츠이자 광고 메시지를 재미있게 전달할 수 있기 때문이다. 더욱이 만화와 광고는 기능적 측면에서도 관련되는 부분이 많다. 만화를 활용한 광고는 크게 만화 영화형 광고와 웹툰 활용형 광고로 구분할 수 있다.

만화 영화형 광고

만화 영화형 광고에는 기존의 만화를 광고에 차용하는 경우도 있고 만화를 새로 창작해서 활용하는 경우도 있다. 상품을 소개하는 광고 만화나 디지털 만화를 제작해 주는 애드망가닷컴(www.ad-manga.com)이 일본에서 성공한 이후, 우리나라에서도 웹툰과 광고 만화를 만들어 주는 산업이 파죽지세로 성장했다. 만화 기법으로 제작한 광고나, 만화책을 그대로 옮겨 놓은 광고나, 둘 이상의 애니메이션 기법을 활용한 광고나 원천 기술은 모두 만화 영화 기법을 적용하므로 그 모두를 만화 영화형(cartoon and animation type) 광고라 통칭할 수 있다.

우리나라에서 만화 영화형 광고가 다수 제작되기 시작한 계기는 롯데칠성음료 '미녀는 석류를 좋아해'의 론칭 광고(2006)에서 '석류송'이 영향을 미쳤기 때문이다([그림 16-2] 참조). 〈풀 하우스〉의 원수연 만화가가 광고 만화를 그렸다. 서울행 기차에 몸을 실은 이준기가 아버지의 반대를 회상하는 장면에서 광고가 시작됐다. "난 너 같은 딴따라 아들 둔 적 없다!"며 아버지가 호통을 치자 석류 음료수병이 넘어진다. 서울역에 도착한 이준

[그림 16-2] 롯데칠성음료 '미녀는 석류를 좋아해' 론칭 광고(2006)

16 광고와 만화

기는 열차에서 내리며 결연한 의지를 다진다. "누가 뭐래도 나의 길을 가겠어." 곧이어 만화 속의 캐릭터가 실제 이준기로 바뀌면서 "미녀는 석류를 좋아해~"라는 석류송이 흐르고 "꿈은 석류처럼 빨갛게 피어올랐다"는 내레이션이 나오며 광고가 끝난다.

이 광고에서는 상품의 핵심 소비층인 10~20대 여성 소비자들에게 이준기의 인생 역전 스토리를 다섯 편의 순정만화 시리즈에 담아냈다. 특이하게도 이 광고에서는 3D 애니메이션 기법을 활용하지 않고, 흑백의 만화 정지 영상이 한 장면씩 실제 만화책을 넘기듯 넘어가도록 표현했다. 소비자의 마음속에 학창 시절의 향수를 불러일으키기 위해 복고풍을 살려 흑백의 영상미로 처리했을 것이다.

SK이노베이션의 유튜브 광고 '날아라 친환경 슈퍼보드' 편 (2020)에서는 〈날아라 슈퍼보드〉라는 기존의 만화 영화를 차용했다([그림 16-3] 참조). 이 광고는 SK이노베이션의 친환경 성장 비전인 '그린밸런스 2030'을 달성하겠다는 기업의 의지를 1990년대 초반에 인기를 끌었던 만화 영화에 접목했다. 두루 알다시피 〈날아라 슈퍼보드〉(1990)는 허영만의 원작 만화를 애니메이션 영화로 만들어 KBS-2TV에 방송한 것으로, 42.8%라는 압도적인 시청률을 기록했다.

"치키치키 차카차카 착한 기술로 / 치키치키 차카차카 착한 기술로." 친숙한 랩으로 시작되는 광고에서는 원곡을 유지하며

"치키치키 차카차카 착한 기술로 / 우리 지구 지키지."라고 하며 광고의 앞부분을 장식했다. "It's time to Act. 친환경 모험의 시작"이라는 자막과 함께 저팔계가 "어?! 스님 차는 왜 이렇게 조용하고 잘 나가서?" 하고 질문하자, 삼장법사는 미래 모빌리티의 새로운 기준이 되는 SK이노베이션 기술, 배터리가 장착된 전기차, SK이노베이션의 자동차 경량화 소재로 만들어진 차, 초저점도 엔진 오일, 재생 플라스틱, 친환경 용기, 친환경 에너지 솔루션 플랫폼 같은 내용을 차분히 설명해 준다. 그러자 저팔계는 "왜들 그렇게 잘 아서?"라고 하며 특유의 뻗대는 목소리로 반문하고, "지구의 안녕을 위해 / 행동할 때"라는 자막이 나오며 광고가 끝난다.

광고의 모든 내용은 〈날아라 슈퍼보드〉에서 거의 그대로 가져왔다. 이 광고는 SK이노베이션의 경영 전략인 '그린밸런스 2030'을 부각시켜 국민에게 힘을 불어넣자는 목적에서 기획되었다. 1990년대 초반의 대중문화 콘텐츠를 차용해 2030년의 비전을 녹여낸 영상이 촌스럽다거나 별다른 거부감 없이 다가오는 이유는 무엇보다 만화 영화를 차용했기 때문이다. SK이노베이션에서 지향하는 ESG(환경, 사회, 지배구조) 경영이라는 약간 어려운 용어도 유쾌하게 전개되는 패러디 기법으로 인해 어렵지 않고 재미있게 이해할 수 있다.

[그림 16-3] SK이노베이션 광고 '날아라 친환경 슈퍼보드' 편(2020)

웹툰 활용형 광고

웹(web)과 카툰(cartoon)의 합성어인 웹툰(webtoon)은 인터넷에 연재해 배포하는 만화다. 여러 포털 플랫폼의 웹툰 광고 상품을 종합해 보면, 플랫폼 초기화면의 배너광고, 웹툰과 연계한 배너광고, 간접광고(Product Placement: PPL), 브랜드 웹툰 같은 네 가지 유형으로 웹툰 활용형 광고를 구분할 수 있다(지준형, 2018). 각 유형의 특징은 다음과 같다.

- 플랫폼 초기화면의 배너광고란 네이버나 다음 같은 포털 사이트의 웹툰 섹션의 초기화면에 삽입되는 배너광고를 의미한다. 스마트폰에서 웹툰을 보는 구독자들이 늘어남에 따라 모바일 앱이나 웹의 초기화면에 배너광고를 삽입하는 사례도 증가했다. 그렇지만 플랫폼 초기화면의 배너광고는 초기화면에 많은 콘텐츠가 게시되기 때문에 광고에 대한 집중도가 다소 떨어질 수도 있다.
- 웹툰과 연계한 배너광고는 특정 웹툰의 하단에 삽입되는 배너광고를 가리키며, 네이버 웹툰이 2012년에 '페이지 이익 공유(Page Profit Share: PPS)' 프로그램으로 광고 수익을 창작자들에게 배분하기 시작하면서 도입되었다. 포털사에서 보증한 페이지 뷰가 달성될 때까지 여러 웹툰에 무작

위로 노출되기 때문에 플랫폼 초기화면의 배너광고보다 광고효과가 더 높을 수 있다. 그렇지만 무작위 노출이기 때문에 구체적인 타깃팅이 이루어지지 않을 수도 있다.

- 간접광고(PPL)는 특정 기업의 제품이나 브랜드를 어떤 콘텐츠에 삽입해 배치하는 것으로 감성 마케팅의 일종이다. 웹툰의 이야기 줄거리에 제품이나 브랜드를 등장시키거나 장면 사이의 여백(gutter)에 웹툰의 캐릭터를 활용한 광고를 삽입하기도 한다. 영화나 드라마에서 간접광고의 효과는 일시적이지만 인터넷에서 계속 보는 웹툰의 간접광고는 장기적인 효과도 기대할 수 있다. 웹툰에 등장하는 간접광고를 만화가가 만화로 재창조하므로 광고에 대한 태도도 좋아진다. 네이버 웹툰의 경우, 연재하는 웹툰의 인지도를 활용해 브랜드와 제품의 간접광고를 한다. 스토리 안에 브랜드를 노출하는 PPL 삽입형도 있고, 어떤 웹툰 하단에 작가가 그린 만화를 활용해 광고하는 PPL 이미지형, 슬라이드형, 동영상형도 있다. 예컨대, 작가 야옹이의 로맨스 웹툰 〈여신강림〉은 2018년 4월 2일부터 네이버 웹툰에 연재를 시작해 장기간 계속되었다(〔그림 16-4〕 참조). 이 웹툰은 메이크업을 해서 자신감을 얻은 주인공의 연애담과 일상생활을 소재로 만든 작품으로 해외에서도 인기를 얻었다. 메이크업이 이야기를 끌어가는 소재이기 때문에 화장품 브랜드를 알리는 간접광고가 자주 등장한다.

[그림 16-4] '여신강림'에 등장한 화장품 브랜드 간접광고(2020)

16 광고와 만화

• 브랜드 웹툰이란 제품이나 브랜드에 대한 이야기를 새롭게 창작해 시리즈로 연재하는 만화 콘텐츠다. 상품의 복잡한 특성도 재미있는 브랜드 스토리로 쉽게 전달해 광고효과를 기대할 수 있어 광고주의 관심이 높다. 더욱이 포털 플랫폼이나 소셜 미디어에 노출할 수 있기 때문에 소비자의 접근 가능성도 높다. 예컨대, 한화케미칼이 네이버(comic.naver.com)에 연재했던 장편 브랜드 웹툰〈연봉신〉(2013~2014)의 사례를 보자([그림 16-5] 참조). B2B 기업인 한화케미칼은 소비자 인지도와 이해도를 높이고 직원들에게 자긍심을 심어 주기 위해 브랜드 웹툰을 시도했다. 특별한 스펙이 없는 주인공 연봉신이 입사 서류의 착오 때문에 대기업에 입사해, 모든 직원이 꺼리는 기능성소재개발부에 발령을 받아 괴짜인 이나노 팀장을 도우며 난관을 극복해 나간다는 성장 스토리가 핵심 줄거리다. 필명이 '미티'인 홍승표 만화가가 참여해 재미와 감동이라는 두 마리 토끼를 잡는 브랜드 웹툰의 가능성을 보여 주었다. 〈연봉신〉과 〈연봉신 시즌2〉 시리즈는 5,000만 회 이상의 누적 조회수를 기록했고, 연재한 이후 한화케미칼의 신입사원 공채 지원자가 1.5배 이상 증가했을 정도로 기대 이상의 성과를 거뒀다.

[그림 16-5] 한화케미칼 브랜드 웹툰 '연봉신' 1화(2013)

16 광고와 만화

계층과 세대 뛰어넘을 만화 광고의 가능성

광고주들이 만화 영화형 광고나 웹툰 활용형 광고를 전략 커뮤니케이션 수단으로 채택하는 이유는 계층과 세대를 불문하고 만화와 웹툰을 좋아한다고 믿기 때문이다. 앞으로 광고와 만화의 접점은 무궁무진하다. 만화를 활용한 광고 창작에 정보통신기술이 접목되면 광고 크리에이티브의 영역도 새롭게 확장될 것이다. 그렇다면 만화를 활용한 광고를 활성화할 수 있는 방안은 무엇일까?

• 인상적인 캐릭터를 개발해 광고 만화와 웹툰 광고에 활용해야 한다. 예컨대, 조석 작가의 〈마음의 소리〉(2006~2020)에 등장한 캐릭터들은 개성이 뛰어나 광고주의 선호도가 높다. 마찬가지로 브랜드 캐릭터를 개발해 광고 메시지로 연결한다면 소비자의 주목을 끌 것이다. 광고주와 광고회사는 물론 창작자들은 노력을 추가하지 않고서도 수익을 계속 올릴 수 있는 '웹툰 연계 배너광고'를 가장 선호하고, 트래픽을 유도하기 위한 추가적인 마케팅 노력이 필요한 '브랜드 웹툰'은 덜 선호하는 경향이 있는데(한국만화영상진흥원, 2016), 인상적인 캐릭터를 개발해 광고에 활용하면 그런 부담도 줄일 수 있다.

- 웹툰 스토리에 브랜드 메시지를 자연스럽게 노출하는 균형 감각이 필요하다. 이희준 교수의 연구에 의하면, 웹툰의 구성요인 중 재미 요소와 관련되는 유희성은 콘텐츠에 대한 긍정적인 태도 형성에 가장 큰 영향을 미치는 요인이기 때문에 웹툰에 적극 반영되어야 한다. 그렇지만 해당 브랜드의 제품 정보가 지나치게 많이 표출되거나, 상업적 메시지가 노골적으로 드러나면 설득 의도에 대한 수용자의 지각이 활성화되어 웹툰 광고의 효과를 저해할 가능성이 높다고 했다(이희준, 김지원, 이해수, 이욱진, 2018). 따라서 웹툰 스토리에 자연스럽게 브랜드 메시지를 포함시키는 균형 있는 메시지 전략이 필요하다.

- 만화와 광고가 새롭게 만나도록 미디어를 확장하고 새로운 콘텐츠를 개발해야 한다. 만화와 광고의 만남은 만화영화형 광고와 웹툰 활용형 광고 이외에도 다방면으로 이종교배가 이루어질 수 있다. 광고가 다른 콘텐츠와 결합하는 이유는 단순하다. 광고는 피할 수 있어도 콘텐츠의 매력은 피하고 싶지 않기 때문이다. 인공지능을 비롯한 광고 기술(ad tech)을 바탕으로 여러 가지 브랜디드 콘텐츠(branded content) 개발을 서둘러야 하는 이유가 여기에 있다. 각종 디지털 미디어를 활용해 광고 만화의 새로운 영역이 확장될 수 있도록 신유형의 광고 상품을 개발해야 한다.

이제 만화를 활용한 광고는 국경선 없는 표현의 제국이라고 할 정도로 영토를 확장하고 있다. 실사 촬영이 불가능할지라도 아이디어만 있다면 마우스 조작만으로 만화를 활용한 광고를 만들 수 있다. 거기에 움직임과 음향 효과를 덧붙이면 웹툰 활용형 광고가 탄생한다. 표현의 제국이 어디까지 영토를 확장할지 예단하기는 어렵지만, 만화를 활용한 광고는 앞으로도 오랫동안 광고효과도 높고 재미있는 광고 장르가 되리라는 것은 분명한 사실이다.

☑ 핵심 체크

계층과 세대를 막론하고 좋아하는 만화를 광고 기술에 접목하면 확장성이 커진다. 기존의 만화를 광고에 차용할 수도 있고, 창작 만화를 활용할 수도 있다. 일본에서 상품을 소개하는 광고 만화 사업이 성공한 다음, 우리나라에서도 웹툰과 광고 만화를 만들어 주는 산업이 파죽지세로 성장했다. 광고주들이 만화 영화형 광고나 웹툰 활용형 광고를 채택하는 이유는 계층과 세대를 불문하고 만화와 웹툰을 좋아한다고 믿기 때문이다. 앞으로 광고와 만화의 접점은 무궁무진하다. 만화를 활용한 광고 창작에 디지털 기술이 접목되면 광고 크리에이티브의 영역도 확장될 것이다.

게오르그 빌헬름 프리드리히 헤겔 저, 두행숙 역(2010). 헤겔의 미학강의3: 개별 예술들의 체계. 서울: 은행나무.

광화문글판 문안선정위원회(2020). 광화문에서 읽다 거닐다 느끼다. 서울: 교보문고.

김규철(2020). 비선형 패러다임 시대의 동양예술 창의성 고찰: 지호락광(知・好・樂・狂)과 능묘신일(能・妙・神・逸)을 중심으로. 동양예술, 46, pp. 5-30.

김미라, 장윤재(2015). 웹드라마 콘텐츠의 제작 및 서사 특성에 관한 탐색적 연구: 네이버 TV 캐스트 웹드라마 분석을 중심으로. 한국언론학보, 59(5), pp. 298-327.

김병희(2007). "노래형 방송광고". 이현우 외. 방송광고 장르론. 서울: 커뮤니케이션북스. pp. 223-244.

김병희(2011). "자연의 소리를 걸러낸 명상의 가객-김도향". 창의성을 키우는 통섭 광고학5: 문화산업의 콘텐츠. 서울: 한경사. pp. 203-211.

김병희(2014). 광고 카피라이팅. 서울: 커뮤니케이션북스.

김병희(2018). "케첩 없는 케첩 광고"(pp. 13-20). "애플 컴퓨터가 매킨토시를 소개합니다"(pp. 28-33). 어떻게 팔지 답답한 마음에 슬쩍 들춰본 전설의 광고들. 서울: 이와우.

김병희(2020a). "광고 크리에이티브 철학". 강승구 외. 광고 지성과 철학의 지평선(한국광고학회 광고지성총서10). 서울: 학지사. pp. 77-108.

김병희(2020b). "문화예술 주입의 마케팅 기대 효과". 문화예술 마케팅 커뮤니케이션 전략. 서울: 학지사. pp. 52-56.

김병희(2021). "광고의 정의와 유형". 김병희, 마정미 외. 디지털 시대의 광고학신론. 서울: 학지사. pp. 19-48.

김수영(2007). Rudolf von Laban의 원리가 무용 움직임에 미치는 효과 및 활용. 숙명여자대학교 대학원 석사학위논문.

김수진(2019. 2. 6.). "에듀윌 최다 합격송, 유튜브 흔들다: 천만 뷰 돌파". 에듀동아.

김운한(2016). 브랜디드 콘텐츠: 광고 다음의 광고. 경기: 나남.

김윤식(1984). 황홀경의 사상. 서울: 홍성사.

김은영, 정사강(2018). 텍스트와 제작 차원에서 본 브랜디드 웹드라마의 특성. 미디어 경제와 문화, 16(1), pp. 99-140.

김정우(2010). 광고 콘텐츠에서 문학 작품 활용의 한 양상: 고전문학 작품을 활용한 텔레비전 광고를 중심으로. 우리어문연구, 37, pp. 105-132.

김정훈(2018). 동화를 활용한 소비자 교육 프로그램 개발. Korean Journal of Human Ecology, 27(2), pp. 129-141.

김현정(2020). "변화하는 광고". 김현정 외. 스마트 광고 기술을 넘어서(한국광고학회 광고지성총서8). 서울: 학지사. pp. 17-51.

데이비드 오길비 저, 강두필 역(2008). 나는 광고로 세상을 움직였다. 서울: 다산북스.

레싱 저, 윤도중 역(2008). 라오콘: 미술과 문학의 경계에 관하여. 서울: 나남.

롤프 옌센 저, 서정환 역(2000). 드림 소사이어티. 서울: 리드리드출판.

리처드 도킨스 저, 홍영남, 이상임 역(2018). 이기적 유전자. 서울: 을유문화사.

문장호(2015). 브랜디드 콘텐츠를 통한 브랜드 무대후면영역(backstage) 정보 노출이 소비자 반응에 미치는 영향: 연극적 접근 이론의 적용. 한국콘텐츠학회논문지, 15(4), pp. 139-152.

발터 벤야민 저, 최성만 역(2007). "사진의 작은 역사". 기술복제시대의 예술작품/사진의 작은 역사 외(발터 벤야민 선집2). 서울: 길.

방정환(1925. 1. 1.). "동화작법(童話作法): 동화 짓는 이에게". 동아일보.

백승화(1992). 국내 최초 본격 연속극 형태의 드라마 CM '신대우 가족' 캠페인. 광고학연구, 3, pp. 83-93.

백운복(2006). 현대시의 이해와 감상. 서울: 새문사.

서보영(2014). 고전소설 변용을 통한 문화적 문식성 교육 연구: 학습자의 '춘향전' 변용 양상을 중심으로. 국어교육연구, 33, pp. 75-101.

수전 손택 저, 이재원 역(2005). 사진에 관하여. 서울: 이후.

스콧 매클라우드 저, 고재경, 이무열 역(1999). 만화의 이해. 서울: 아름드리. p. 7.

신인섭, 김병희(2007). "대학목약 최승희 모델 광고". 한국 근대광고 걸작선 100: 1876-1945. 서울: 커뮤니케이션북스. pp. 383-385.

심현준, 육가유, 신상혁, 이종윤, 홍장선(2020). 광고사진 비주얼에 관한 소비자의 주관성 연구: 국제광고사진 공모전 수상작을 중심으로. 커뮤니케이션학연구, 28(1), pp. 153-179.

아르놀트 하우저 저, 백낙청, 염무웅 역(1974). 문학과 예술의 사회사: 현
대 편. 서울: 창작과비평사. p. 22.

안대희(2013. 2. 19.). "가슴으로 읽는 한시". 조선일보, A34.

안드레아스 파이닝거 저, 김순민 역(1986). 사진구도의 원칙. 서울: 월간
사진출판사.

안연희(1999). 현대미술사전. 서울: 미진사.

움베르토 에코 저, 김효정 역(2009). 예술과 광고. 서울: 열린책들.

위키피디아 (2021. 2. 22.). "예술". https://namu.wiki/w/%EC%98%
88%EC%88%A0

윤태일(2017). "방송 광고와 예술의 만남"(pp. 180-181). "광고와 문
학의 만남"(pp. 271-291). "광고와 서사문학"(pp. 302-303). "방
송 광고의 조형 미학"(pp. 359-397). "방송 광고의 무용 미학"(pp.
441-481). 방송 광고의 미학 원리. 서울: 커뮤니케이션북스.

이기철(2019. 11. 15.). "웹드라마, 문화상품의 새 희망. 정부·기업 지
원이 절실: 한(韓) 웹드라마 대부 강영만 감독이 말하는 현실". 서
울신문.

이동환(2020). 커뮤니케이션 디자인에 있어서 아트 인퓨전의 확산과 독
창성의 의미: 에드워드 호퍼(Edward Hopper)의 확산 사례와 상호
텍스트성을 중심으로. 광고학연구, 31(4), pp. 59-82.

이수희(2011. 7. 26.). "당신이 눈치채지 못한 광고 속 숨은 문학작품".
출판계소식.

이순구(2007). 한국 만화의 공간구성 연구: 1980년대 텍스트 만화로부
터 디지털 만화의 등장까지. 공주대학교 만화학과 박사학위논문.
pp. 8-13.

이용우(2010). 예술광고에 관한 탐색적 연구. 조형미디어학, 13(2), pp. 169-178.

이원복(1991). 세계의 만화 만화의 세계. 서울: 미진사.

이은경(2011). 광고 콘텐츠로 활용된 고소설의 장면화와 한계. 개신어문연구, 34, pp. 63-99.

이은경(2014). 아날로그 브랜드스케이핑(Brandscaping)이 기업에 대한 수용자 태도에 미치는 영향: 교보생명 '광화문글판' 중심으로. 홍익대학교 산업미술대학원 석사학위논문.

이은정, 김주호(2017). 뇌파분석을 통한 음악적 자극의 소비자 감정반응 연구: 소비자의 색상 이미지 인식을 바탕으로. 대한경영학회지, 30(12), pp. 2147-2172.

이일호(2016). 어느 예술가의 잠꼬대: 조각가 이일호의 미학 이야기. 서울: 안나푸르나. pp. 172-177.

이재진(2018). "공인의 정의". 언론과 공인. 서울: 한양대학교출판부. pp. 13-26.

이지원(2008). TV 광고 속 남성춤 이미지 연구. 무용예술학연구, 23, pp. 87-117.

이진주, 백정희, 전현주(2017). 무용을 활용한 금연광고의 효과: 보건복지부 금연공익광고(뇌의 고통, 폐의 고통 편). 한국무용과학회지, 34(1), pp. 37-46.

이현우(2006). 하이브리드 텍스트로서의 무버설과 수용자와의 커뮤니케이션: BMW 무버설 중심의 사례연구. 광고연구, 73, pp. 159-184.

이혜영(2007). 시공간 예술로서의 화예: 유형적 관점에서 본 화예의 시공간 특수성을 중심으로. 숙명여자대학교 디자인대학원 석사학위논문.

이희복(2009). "광고와 문학". 이화자, 김병희, 이희복. 미디어 빅뱅과 광고문화. 서울: 한울. pp. 142-160.

이희준, 김지원, 이해수, 이욱진(2018). 브랜드 웹툰의 효과에 영향을 미치는 요인에 관한 실증 연구: 내용 분석을 통한 선행 요인의 고찰. 한국광고홍보학보, 20(1), pp. 5-57.

임청산(2003). 만화영상예술학. 서울: 대훈문고.

전동균(2006). 시의 기법을 활용한 광고표현 연구. 중앙대학교 대학원 문예창작학과 박사학위논문. pp. 2-3.

전병준(2014). 광고의 전략을 활용한 시 창작 교육 방안 연구. 한민족문화연구, 47권, pp. 277-299.

정장진(2016). 광고로 읽는 미술사. 서울: 미메시스.

존 A. 워커 저, 정진국 역(1987). 대중매체 시대의 예술. 서울: 열화당.

주지영(2015). 동화 텍스트를 활용한 패러디 광고 스토리텔링 연구. 구보학보, 12, pp. 299-327.

지준형(2018. 12. 7.). "웹툰광고의 활성화를 위한 제언". 디지털만화규장각. 한국만화영상진흥원. http://dml.komacon.kr/webzine/column/26785

최은섭, 안준희(2019). 화장품 광고와 아름다움의 문화사. 서울: 커뮤니케이션북스. pp. 131-136.

최일도(2008). 광고 배경 음악에 의한 브랜드 인식의 유형과 형태에 대한 분석 연구. 한국광고홍보학보, 10(3), pp. 373-403.

포터 애벗 저, 우찬제 역(2010). 서사학 강의. 서울: 문학과지성사. p. 208.

한국만화영상진흥원(2016). 웹툰산업 내의 광고·마케팅 활용사례 및 가치평가 연구. 경기: 한국만화영상진흥원.

한국문화콘텐츠진흥원(2003). 만화산업 중장기 발전방안 연구. 전남: 문화콘텐츠진흥원.

한젬마(2019). 한젬마의 아트 콜라보 수업. 서울: 비즈니스북스. p. 16.

할란 알 데이, 조네타 돌론, 매리앤 폴츠, 캐시 하이제, 켈리 막스바리, 매리 스터전 저, 송원근 감수(2013). 동화로 배우는 경제원리. 서울: 전국경제인연합회.

Andreas Feininger (1972). *Principles of Composition in Photography*. Garden City, N.Y.: American Photographic Book Publishing Company.

Betoun, Manon (2013. 4. 3.). "Artvertising: When Culture Pub talks about advertisement". *Thème Awesome Inc*. http://artvertisingg.blogspot.com/

Burnett, Leo (1961). *Confessions of an Advertising Man*. Chicago, IL: Leo Burnett Company, p. 77.

Cass (2019. 7. 15). "선택희비극, 아오르비". https://www.youtube.com/channel/UCUQhyOLi8uFTmiFRmndjQxw

Contenta M (2016. 2.). "하루키의 광고용 단편 소설". 콘텐타매거진. http://magazine.contenta.co/2016/02/%ED%95%98%EB%A3%A8%ED%82%A4%EC%9D%98-%EA%B4%91%EA%B3%A0%EC%9A%A9-%EB%8B%A8%ED%8E%B8-%EC%86%8C%EC%84%A4/

Définitions Marketing (2021). "Artvertising". https://www.definitions-marketing.com/definition/artvertising/

Gadgil, Salonee (2019. 2. 5.). "Your McDelivery won't be affected by the rain, says new poster campaign". *Creative Review.* https://www.creativereview.co.uk/mcdelivery/

Griner, David (2019. 2. 5.). "McDonald's France Created Lovely, Impressionistic Ads About Days That Call for Delivery". *Adweek.* https://www.adweek.com/agencies/mcdonalds-france-created-lovely-impressionistic-ads-about-days-that-call-for-delivery/

Hagtvedt, H., & Patrick, V. M. (2008). "Art Infusion: The Influence of Visual Art on the Perception and Evaluation of Consumer Products". *Journal of Marketing Research*, 45(3), pp. 379-389.

Hayakawa, S. I. (1968). "Poetry and Advertising". *Language in Thought and Action.* London: George Allen & Unwin, pp. 262-277.

Hess, Hugo (2016. 7. 13.). "Richard Prince". *Widewalls.* https://www.widewalls.ch/artist/richard-prince/

Intel News Release (2012. 7. 24.). "Toshiba and Intel Unveil 'The Beauty Inside' Global Social Film Project". https://newsroom.intel.com/news-releases/toshiba-and-intel-unveil-the-beauty-inside-global-social-film-project/#gs.uomld8

Jones, Jonathan (2015. 12. 16.). "Jeff Koons: Master of Parody or Great American Conman?". *The Guardian.* https://www.theguardian.com/artanddesign/jonathanjonesblog/2015/dec/16/jeff-koons-master-of-parody-or-great-american-con-man

Laban, Rudolf, Lisa Ullmann (Ed.) (1975). *Modern Educational Dance* (3rd ed.). London: Macdonald and Evans.

Martin, Elaine (2011). "Intertextuality: An Introduction". *The Comparatist*, 35, pp. 148-151. University of North Carolina Press.

Mcluhan, Marshall (1976). "Advertising is the greatest art form of the twentieth century". in Robert Andrews (Ed.) (1987). *The Routledge Dictionary of Quotations*. London: Routledge & Kegan Paul. p. 5.

Moon, J. H. (2011). *Behind-the-Scene of a Brand: The Impact of Perceived Backstage on Consumer Responses*. Doctoral dissertation. University of Texas at Austin.

Mosdell, Chris (1986). *The Mirror Makers: Cultural Differences Between America and Japan Seen Through the Eye of Advertising*. Macmillan Language House.

Mulvey, M. S., & Stern, B. B. (2004). "The Invisible Narrator: Attributes and Consumer Attitudes". *Advances in Consumer Research*, 31, pp. 178-183.

Nudd, Tim (2017. 3. 13.). "50 Years Later, Heinz Approves Don Draper's 'Pass the Heinz' Ads and Is Actually Running Them: Joint effort between David Miami and Sterling Cooper Draper Pryce". http://www.adweek.com/creativity/50-years-later-heinz-approves-don-drapers-pass-the-heinz-ads-and-is-actually-running-them/

Odber, D. E., & Anne, P. (1997). "Fairy Tale Motifs in Advertising". *Estudosde Literatura*, Oral 3, pp. 35-60.

Oster, Erik (2016. 2. 4.). "The Marketing Arm, Pepsi Celebrate 'The Joy of Dance'". *Adweek*. https://www.adweek.com/agencyspy/

참고문헌

the-marketing-arm-pepsi-celebrate-the-joy-of-dance/101917/

Porter Abbott, H. (2002). *The Cambridge Introduction to Narrative*. Cambridge University Press.

PR Examples (2018. 10. 3.). "Samsung Gives Iconic Sculptures a Contemporary Makeover". https://www.prexamples.com/2018/ 10/samsung-gives-iconic-sculptures-a-contemporary- makeover/

Rittenhouse, Lindsay (2018. 11. 28.). "Fearless Girl Begins Move to New York Stock Exchange Without the Charging Bull". *Adweek*. https://www.adweek.com/brand-marketing/fearless-girl- begins-move-to-new-york-stock-exchange-without-the- charging-bull/

Samsung Electronics (2019. 7. 25.). "Movie 메모리즈 MEMORIES". https://www.youtube.com/channel/UCHIKWrhweDqw7_ eiit8frJw

Sandberg Institute (2007). *Artvertising: aka The Million Dollar Building- A Project of the Sandberg Institute*. New York: Garrard Publishing Co.

Stern, Barbara B. (1991). "Who Talks Advertising? Literary Theory and Narrative 'Point of View'". *Journal of Advertising, 20*(3), pp. 9-22.

Susan Sontag (1977). *On Photography*. Penguin Books: London.

Time (2014. 3. 9.). "Italy Furious At Gun-Toting 'David' Statue In U.S. Rifle Ad". http://time.com/17313/italy-furious-at-gun-toting- david-statue-in-u-s-rifle-ad/

Vervroegen, Erik (2011. 7. 5.). "BMW, The Hire: This is not Advertising". https://thisisnotadvertising.wordpress. com/2011/07/05/bmw-the-hire/

Wikipedia (2021). "Bubbles (painting)". https://en.wikipedia.org/ wiki/Bubbles_(painting)

Wikipedia (2021). "Charles Edward Chambers". https://en.wikipedia. org/wiki/Charles_Edward_Chambers

Zmelty, Nicholas-Henri (2014). *L'Affiche illustrée au temps de l'affichomanie* (1889-1905). Paris: Mare & Martin. p. 281.

참고문헌

찾아보기

인명

내용

저자 소개

김병희(Kim Byoung Hee)

현재 서원대학교 광고홍보학과 교수로 재직 중이다. 서울대학교를 졸업하고, 한양대학교 광고홍보학과에서 광고학 박사학위를 받았다. 한국PR학회 제15대 회장과 한국광고학회 제24대 회장으로 봉사했으며, 정부광고자문위원회 초대 위원장과 서울브랜드위원회 제3대 위원장을 비롯해 여러 정부기관의 광고PR 마케팅 정책 자문을 하고 있다. 그동안 『디지털 시대의 광고 마케팅 기상도』(학지사, 2021), 『문화예술 마케팅 커뮤니케이션 전략』(학지사, 2020), 『문화예술 8P 마케팅』(커뮤니케이션북스, 2015)을 비롯한 50여 권의 저서를 출판했다. 주요 논문은 「Analysis of the Interrelationships among Uses Motivation of Social Media, Social Presence, and Consumer Attitudes in Strategic Communications」(2019), 「네트워크 광고의 생태계에 대한 인터넷 언론계와 광고업계의 인식 비교」(2019) 등 100여 편이 있다. 한국갤럽학술상 대상(2011), 제1회 제일기획학술상 저술 부문 대상(2012), 교육부ㆍ한국연구재단의 우수 연구자 50인(2017) 등을 수상했고, 정부의 정책 소통에 기여한 공로를 인정받아 대통령 표창(2019)을 받았다.

이메일: kimthomas@hanmail.net

학지컴인사이트총서 005

광고가 예술을 만났을 때 아트버타이징
Artvertising: When Advertising Met Arts

2021년 5월 25일 1판 1쇄 인쇄
2021년 6월 1일 1판 1쇄 발행

지은이 • 김병희
펴낸이 • 김진환
펴낸곳 • ㈜**학지사**

04031 서울특별시 마포구 양화로 15길 20 마인드월드빌딩
대표전화 • 02-330-5114   팩스 • 02-324-2345
등록번호 • 제313-2006-000265호

홈페이지 • http://www.hakjisa.co.kr
페이스북 • https://www.facebook.com/hakjisa

ISBN 978-89-997-2414-5 03320

정가 17,000원

출판 · 교육 · 미디어기업 학지사

간호보건의학출판 **학지사메디컬** www.hakjisamd.co.kr
심리검사연구소 **인싸이트** www.inpsyt.co.kr
학술논문서비스 **뉴논문** www.newnonmun.com
원격교육연수원 **카운피아** www.counpia.com